Juan Carlos Marroquín Cuesta

DONDE HABITA EL SENTIDO

Reflexiones y aprendizajes de un hombre agradecido

Donde habita el sentido
© Juan Carlos Marroquín Cuesta, 2025

Edición: Pilar Marroquín Calderón

Primera edición: noviembre de 2025

Corrección de estilo: Elena Preciado Gutiérrez
Diseño: Buró Público
Fotografía: Andrea Tejeda Korkowski

ISBN: 9798266842212

Todos los derechos reservados. Esta publicación, incluyendo el diseño de la portada, no puede ser reproducida, ni en todo ni en parte, almacenada, registrada o transmitida en forma alguna, ni por medio alguno, ya sea electrónico, mecánico, fotoquímico, magnético, electroóptico, fotocopiado, grabación u otros, sin la autorización previa y por escrito del autor y la editora.

Para mis queridos nietos.

Deseo que vivan con pasión,
valentía y un sentido de propósito.
Deseo que sepan abrazar la incertidumbre,
aprender de los errores y no renunciar
a la búsqueda de una vida plena y significativa.
Deseo que sean seres humanos de bien.

ÍNDICE

Prólogo   9

Capítulo I: Creencias   13
   El riesgo de perder el presente   17
   Gratitud y curiosidad   19
   Convicciones   23
   Entre la confianza y el control   24
   Resentimiento   26
   La cárcel de los "nunca" y los "siempre"   29
   El arte de priorizar   31
   No hay cargo sin abono   32
   Más allá del dogma   35

Capítulo II: Conexiones   41
   El valor de los vínculos   45
   La mochila de vida   50
   Generosidad   52
   El miedo como mayor obstáculo   56
   Comunicación   60
   Contextos   65
   Abrazando la diversidad   70

Capítulo III: Orígenes   75
   La familia como base   78
   Un maestro inesperado   81
   Amor y respeto   83
   Privilegios tempranos y culpas silenciosas   89
   Entre estructura y libertad   96
   Una nueva mirada   101

La pérdida de Vicente	103
La alegría está en lo cotidiano	106
CAPÍTULO IV: ARMONÍA	**113**
Equilibrio que se ajusta	116
Cultivar el bienestar	119
Movimiento y competencia	122
La autenticidad como medicina	124
Relativizar la experiencia	127
Las pequeñas prácticas que sostienen	129
Hacer las paces con el pasado	133
CAPÍTULO V: LIDERAZGO	**137**
Liderazgo desde la confianza	145
Aprender haciendo (y fallando)	148
Perspectiva de dueño	151
Improvisación estratégica	155
Un acto de escucha y actitud	159
El péndulo de la polarización	162
Encontrando sentido en el trabajo	167
Construyendo un legado trascendente	171
CAPÍTULO VI: ESPEJOS	**177**
La fragilidad de la existencia	181
Reevaluando prioridades	184
Los otros	186
Reflejos del ayer	188
Navegando la incertidumbre	189
Reflexiones sobre el futuro	193
EPÍLOGO: UN VIAJE CONTINUO	**201**
AGRADECIMIENTOS	**205**

PRÓLOGO

Este escrito surge de la necesidad de compartir experiencias y reflexiones acumuladas a lo largo de mi vida. No pretende ser un libro en el sentido tradicional, sino más bien un relato personal que recoge anécdotas, aprendizajes y momentos que han marcado mi camino. Algunos de los comentarios están sustentados en evidencia científica; otros, en experiencia personal.

La idea de escribirlo nació durante la pandemia de COVID-19, iniciada en febrero de 2020, un período que nos obligó a detenernos y reevaluar lo que de verdad importa. En mi caso, despertó una sensación profunda de vulnerabilidad, no sólo por mi salud, sino por la de mis seres queridos.

Fue un recordatorio abrupto de que la muerte es el único destino seguro que compartimos todos, por más que intentemos ignorarlo o distraernos de su certeza. En medio del encierro, encontré el espacio y el tiempo para ordenar mis pensamientos y revisar con gratitud el camino recorrido.

Descubrí que había historias y experiencias que merecían ser contadas, no sólo para quienes me rodean hoy, sino también para quienes vendrán después. He vivido los ascensos y las caídas, la luz y la oscuridad, los momentos de paz y los de conflicto. Sólo al experimentar todas esas variables, creo que he logrado comprender un poco mejor la vida.

Recordar es una forma de revivir... y al escribir estos relatos, revivo cada paso dado, cada obstáculo superado y cada lección que la vida, con generosidad o rudeza, se encargó de enseñarme.

A lo largo de estas páginas, abordaré episodios que han definido mi vida, con sus aciertos y desaciertos, desde mi infancia y formación profesional hasta los desafíos y satisfacciones de liderar una multinacional durante casi dos décadas en diversos países de Latinoamérica. También compartiré reflexiones sobre el cambio, la toma de decisiones y la importancia de los valores que han guiado mis acciones. Más allá del ámbito profesional, este relato incluye momentos personales, aquellos que marcaron mi carácter, mis relaciones y mi manera de ver el mundo.

A medida que avanzo en este ejercicio de memoria, me doy cuenta de la riqueza que encierran incluso los momentos más cotidianos. Detrás de cada decisión hubo un contexto, un desafío y una motivación.

Algunos episodios pueden parecer triviales, pero con el paso del tiempo han adquirido un significado especial, porque reflejan el aprendizaje constante y la evolución de mis pensamientos. Cada vivencia ha sido una oportunidad para cuestionar mis paradigmas, impulsado por la curiosidad. Estos matices han cimentado mi respeto por las visiones diferentes, reconociendo en la diversidad el verdadero motor de la evolución social. Con cada historia intento capturar no sólo los hechos, sino también las emociones y enseñanzas que los acompañaron.

Este relato no pretende ser una lección ni una guía, sino una conversación abierta con quien decida leerlo.

Si alguna de estas historias logra inspirar, generar empatía, reflexionar sobre algún paradigma o simplemente despertar una sonrisa, habré cumplido mi propósito. Espero que estas páginas sirvan de testimonio de una vida vivida con curiosidad, entrega, compromiso y gratitud.

Agradezco a quienes me acompañaron en este camino, en especial a mi familia: mi mayor fuente de apoyo e inspiración. También quiero expresar mi gratitud a las mujeres y hombres que fueron mentores, colegas, competidores, proveedores, *stakeholders* en general, amigos y no tan amigos que, de una u otra manera, dejaron una huella en mi trayectoria.

Este relato está pensado, en gran parte, para mis nietos, quienes representan el futuro y la continuidad de nuestra historia familiar.

Quiero que encuentren en estas páginas no sólo anécdotas y aprendizajes, sino también la razón por la cual decidí escribir este texto: dejarles un legado de experiencias y reflexiones que, espero, les sirvan en alguna coyuntura en su camino.

Juan Carlos Marroquín Cuesta

Capítulo I

CREENCIAS

"La educación más valiosa es la que enseña a distinguir lo que debemos de lo que podemos."

— Cicerón

CAPÍTULO I | CREENCIAS

A lo largo de los años, he ido construyendo una filosofía personal. No está escrita en piedra ni pretende ser una verdad universal, pero me ha servido como brújula para navegar en la vida, tanto en los picos altos como los bajos, y tomar decisiones con mayor sentido. Esta forma de entender el camino se ha forjado a partir de valores aprendidos en mi trayectoria, errores cometidos, lecturas esclarecedoras, conversaciones reveladoras y también silencios. No es un sistema cerrado, sino un conjunto de principios que ha evolucionado conmigo y que sigue transformándose a la luz de nuevas experiencias.

No obtuve esta claridad desde un principio. En muchos momentos me dejé llevar por inercias o por expectativas externas. Fue después de varias caídas que empecé a reconocer patrones en mis elecciones, prioridades que se repetían, preguntas que persistían. Así fui delineando una forma de ver el mundo y de ubicarme en él. Todavía me cuesta soltar del todo la voz de los demás en mi cabeza. No he logrado, al cien por ciento, liberarme de la preocupación por cómo es percibida mi forma de actuar. Tal vez cuando lo logre, si lo logro, conoceré una libertad más honda. Pero mientras tanto, sigo en el intento.

Uno de los aprendizajes más valiosos fue entender que el conocimiento y el crecimiento no sólo provienen de lo familiar o lo afín. Aprendí que exponerme a temas que no me gustaban o que no dominaba, y a personas con las que no tenía la mejor empatía, también era fuente de aprendizaje. A veces, las conversaciones más incómodas, las lecturas más desafiantes o los entornos más distintos a los míos, me ofrecieron los espejos más nítidos para entenderme mejor.

En este capítulo, quiero compartir algunos de esos principios y valores que me han ayudado a mantener el rumbo: el valor de vivir el presente, la importancia de la gratitud y la curiosidad como motores de crecimiento, la tensión entre control y confianza, y el riesgo de los absolutos en nuestro pensamiento. No se trata de fórmulas infalibles, sino de aprendizajes que, al menos para mí, han sido útiles para buscar una existencia más plena, congruente y con propósito.

CAPÍTULO I | CREENCIAS

El riesgo de perder el presente

Durante muchos años, mi brújula personal parecía orientada únicamente hacia el futuro. Vivía anticipando escenarios, proyectando planes, construyendo estrategias. Esa mentalidad fue útil en lo profesional: me permitió visualizar metas ambiciosas, liderar procesos complejos, construir equipos de trabajo vencedores y tomar decisiones con visión de largo plazo. Pero ese mismo enfoque, llevado al extremo, tenía un costo oculto. Me estaba perdiendo del presente.

Con el tiempo, me di cuenta de que vivir demasiado instalado en el mañana es una forma elegante de evasión. Nos da la ilusión de control, pero también nos roba la plenitud del ahora. Convertimos el futuro en un refugio mental donde todo está por resolverse, por mejorar, por cumplirse. Y mientras tanto, la vida sucede. Silenciosa, irrepetible, fugaz. Una de las lecciones más claras vino de un viaje familiar. Estábamos en la playa, todos juntos. Mis hijos jugaban en la arena, reían con una libertad que sólo se tiene cuando se es niño. Pero yo no estaba ahí. Mi cuerpo sí, mi mente no. Estaba atrapado en una presentación que debía entregar a un consejo directivo la semana siguiente. Iba y venía en pensamientos, ajustando argumentos, anticipando preguntas. Rocío, con su mirada serena y su habitual capacidad de ver lo invisible, me dijo: "¿Te das cuenta de que no has sonreído desde que llegamos?" Fue un golpe suave, pero certero. Una frase que me devolvió de inmediato al presente.

Ese momento me obligó a preguntarme: ¿qué sentido tiene planear tanto el futuro si en el proceso nos vamos perdiendo lo que ya está aquí? ¿De qué sirve alcanzar una meta si el trayecto se vive con ansiedad, desconexión o ausencia emocional? Desde entonces, he tratado —a veces con éxito, otras no tanto— de cultivar una atención más plena. De escuchar con todos los sentidos. De mirar a los ojos. De estar.

Este cambio de enfoque no significó renunciar a planificar. Al contrario, aprendí que el verdadero equilibrio está en saber proyectarse sin abandonar el momento. Hacer espacio para lo importante sin que lo urgente nos devore. Vivir no como quien corre hacia una meta sin mirar el paisaje, sino como quien camina con voluntad, pero también con gratitud.

Pienso que uno de los grandes objetivos de la vida es lograr esa armonía entre el deseo de construir un futuro mejor y la capacidad de habitar con conciencia el presente. No es sencillo. A veces se confunde con conformismo, otras con irresponsabilidad. Pero cuando se logra —aunque sea por breves instantes— la vida adquiere una nitidez particular, una suerte de lucidez serena. Esos momentos de deslumbramiento ante lo cotidiano —la contemplación de un atardecer, una risa compartida, un gesto de ternura inesperado— producen una paz interna difícil de describir. Confieso que aún no logro hacer de esta práctica algo constante, pero cada vez que me permito detenerme y simplemente estar, confirmo que ahí, en lo simple y presente, reside una forma de plenitud que no se consigue con logros ni planes.

Hoy, cuando me veo tentado a adelantarme a todo —al lunes, al año siguiente, al "cuando todo esté

CAPÍTULO I | CREENCIAS

listo"—, trato de regresar a aquella playa. A mis hijos riendo, a mi esposa mirándome con ternura y firmeza, y a esa versión mía que necesitaba recordar que el presente no es una pausa entre dos objetivos, sino el único tiempo que realmente tenemos. Y aprender a habitarlo es, quizá para mí, el arte más difícil y más valioso de todos.

Creo también en la relevancia de viajar por el planeta, no sólo para conocer lugares nuevos, sino con la apertura para observar y aprender. Con mi familia, nos hemos esforzado por visitar culturas milenarias, con el espíritu de amplificar la perspectiva y aumentar nuestro bagaje cultural. Esta amplitud de visión es esencial para analizar situaciones, por más complejas que sean. En este mismo sentido, he reflexionado sobre la importancia de hacer un balance anual, no sólo de nuestro patrimonio económico, sino también de nuestro patrimonio familiar, espiritual y emocional. Es una rendición de cuentas sobre nuestras conexiones con los seres queridos. Aunque confieso que es una práctica que aún no logro consolidar, reconozco que es de vital importancia para entender la dirección en la que vamos. El viaje, en su sentido más amplio, nos da la oportunidad de salir de nosotros mismos para regresar con una perspectiva más rica y consciente.

Gratitud y curiosidad

Si tuviera que resumir mi experiencia en dos palabras, serían gratitud y curiosidad. No son simples valores o actitudes, sino motores vitales que han orientado mi brújula interna incluso en los momentos más inciertos. La gratitud me ha ayudado a encontrar luz aún en medio de la oscuridad, y la curiosidad me ha mantenido en movimiento, evitando que me instale demasiado tiempo en zonas de confort o certezas absolutas.

La gratitud, para mí, no es una emoción circunstancial, sino una decisión consciente. Agradecer lo que se tiene, lo que se tuvo y lo que se aprendió, incluso desde la pérdida, es un acto de resistencia ante el desencanto. Hubo etapas en las que caí en la trampa de querer más, de enfocarme en lo que faltaba. Más adelante entendí que quien no practica la gratitud termina creyendo que todo le es debido. Y esa es una forma segura de perder el asombro. A pesar de este aprendizaje, aún lucho ocasionalmente contra la tendencia a juzgar sin empatía, a emitir juicios sin ponerme en el lugar del otro. Reconozco que la comparación es un ejercicio inútil, una fuente gratuita de insatisfacción y malestar. En retrospectiva, considero que esa conducta es una forma de ceguera voluntaria, una tontería que me aleja de la conexión genuina con los demás.

Recuerdo un momento que lo ilustra con claridad. Estaba en un hospital acompañando a un ser querido. La espera era larga, la incertidumbre pesada. Salí un momento a tomar aire y me encontré con un hombre mayor sentado en la banca del jardín. Me saludó con cortesía y, sin mucha introducción, comenzó a hablarme de su esposa, internada por una enfermedad terminal. "Cada mañana que abre los ojos, doy gracias", me dijo, "porque aún puedo verla respirar". Esa frase me atravesó. Volví a la sala con otra disposición,

CAPÍTULO I | CREENCIAS

con la conciencia de que incluso en medio del dolor hay motivos para agradecer.

La curiosidad, en cambio, ha sido mi aliada más constante. Desde niño sentí una necesidad casi física de entender cómo funcionan las cosas. No me bastaba con aceptar una explicación: quería cuestionarla, probarla, ponerla en contexto. Esta inquietud no desapareció con los años, sólo se transformó. Lo que en la infancia era una pregunta sobre cómo funcionaba una radio, en la adultez se convirtió en preguntas sobre el sentido del liderazgo, sobre la ética y la integridad en los negocios, sobre la espiritualidad, sobre el futuro de la humanidad.

Hay una anécdota que me gusta recordar porque refleja esta inquietud. Ya adulto, con responsabilidades profesionales considerables, me encontré un día leyendo un libro sobre física cuántica, *Física de lo imposible* de Michio Kaku. No entendía casi nada, pero no podía soltarlo. Había algo en esos conceptos —el entrelazamiento, la dualidad onda-partícula, la incertidumbre— que resonaba conmigo, aunque no supiera el porqué. Llamé a un amigo ingeniero para preguntarle si era cierto que un electrón podía estar en dos lugares al mismo tiempo[1]. Se rió. "¿Y tú para

---

1 El Principio de Exclusión de Pauli, tal como lo describe National Geographic España en su artículo del 2 de diciembre de 2024, establece que dos electrones en un mismo átomo no pueden tener los mismos cuatro números cuánticos. Esto significa que no pueden compartir la misma energía, el mismo estado de momento angular y el mismo espín, incluso si están en el mismo orbital.

qué quieres saber eso?" me dijo. Le respondí con total honestidad: "No tengo idea. Sólo sé que quiero entenderlo, aunque sea un poco." Esa búsqueda sin utilidad aparente ha sido una constante. Me ha llevado a descubrir mundos que ni siquiera sabía que existían. Esa misma curiosidad me ha permitido conectar con personas muy distintas y hasta antagónicas a mí. He aprendido a escuchar sin necesidad de responder, a leer autores con los que no estoy de acuerdo, a hacer preguntas que no buscan confirmar mis creencias sino ampliarlas. Y eso ha sido liberador. La curiosidad bien llevada nos protege del dogma, del fanatismo, de la arrogancia de creer que ya lo sabemos todo.

Un espacio donde esto se ha vuelto especialmente claro es en el diálogo con las nuevas generaciones. Los jóvenes, con su energía, su visión fresca y su dominio de las tecnologías, tienen mucho que enseñarnos. A veces, su forma de ver el mundo desafía nuestras certezas, y eso es saludable. No coincido con todas sus ideas, pero sí intento comprenderlas. Escucharlos me obliga a cuestionar mis paradigmas, a reconocer que el mundo cambia y que nuestra responsabilidad no es resistir el cambio, sino acompañarlo con criterio.

Una vez, en una reunión familiar, uno de mis hijos dijo: "Papá, a veces pareces más interesado en tener razón que en entender." Me dolió, porque era verdad. Esa frase me hizo replantear cómo me acerco a las conversaciones difíciles. Me recordó que la curiosidad no es sólo intelectual, también es emocional: es querer comprender al otro desde su experiencia, no desde mis prejuicios.

CAPÍTULO I | CREENCIAS

Gratitud y curiosidad. Dos fuerzas complementarias que me han sostenido cuando todo parecía tambalearse. La primera me ancla, me recuerda lo que tengo y lo que soy. La segunda me impulsa, me abre puertas, me empuja a seguir buscando. Juntas han sido, y siguen siendo, la brújula que me ayuda a caminar con sentido, aun cuando el camino no está claro.

Convicciones

He notado cómo nuestras convicciones y comportamientos, a menudo manifestados en forma de manías o supersticiones, se arraigan en nuestra cultura y educación. Esas tradiciones, como la mala suerte de ver un gato negro o de pasar bajo una escalera, forman parte del acervo popular latinoamericano. Yo tengo varias... y quiero compartir dos que ilustran cómo las experiencias de la niñez pueden moldear la forma en que actuamos de adultos.

La primera se relaciona con mi aversión al número tres. Durante mi niñez, en los viajes largos en auto, jugábamos a adivinar la última cifra de la placa de los autos que venían en sentido contrario. Yo siempre elegía el tres y casi siempre perdía, lo que, con lo competitivo que era (y sigo siendo), me frustraba. Como consecuencia, hasta el día de hoy, si tengo que elegir un número, evito el tres. De manera curiosa, con frecuencia elijo el cero o el cinco, los números preferidos de mi padre, asiduo comprador de lotería, una manía que yo también adopté. Esta experiencia me enseñó que nuestras creencias, incluso las más

23

triviales, pueden tener un origen en eventos simples que marcaron nuestra infancia.

La segunda anécdota se refiere a mi negación a sentarme en la cabecera de cualquier mesa cuadrada o rectangular, lo que explica mi preferencia por las mesas redondas. Este hábito se remonta a mi infancia, cuando tendría unos cinco o seis años. Mis hermanos mayores tuvieron una discusión muy fuerte por ver quién se sentaba en la cabecera de la mesa en ausencia de mi padre. Recuerdo que tuve mucho miedo y me asusté ante semejante disputa. Ese día me prometí que no intentaría sentarme en las cabeceras. Aunque no lo he logrado al 100%, son poquísimas las veces que lo he hecho. Incluso cuando escalé posiciones jerárquicas en mi vida profesional, solía evitar la cabecera, algo que a mucha gente le resultaba extraño. Esa convicción, nacida del miedo infantil, se convirtió en un comportamiento arraigado que refleja mi tendencia a evitar conflictos por cuestiones de poder o estatus.

Entre la confianza y el control

Uno de los grandes retos de mi vida ha sido encontrar el equilibrio entre el deseo de controlar y la capacidad de confiar. En el ámbito profesional, sobre todo en el mundo empresarial, me formé en un entorno donde la supervisión, la evaluación constante y la anticipación de riesgos eran fundamentales. Esta mentalidad, sumamente arraigada, me sirvió para navegar con eficiencia en contextos complejos y exigentes. Esa misma lógica de control muchas veces resultó inadecuada —incluso

CAPÍTULO I | CREENCIAS

contraproducente—en otras dimensiones, sobre todo en las relaciones personales o los momentos de mucha incertidumbre.

Confiar ha sido un aprendizaje lento, exigente y, en algunas ocasiones, doloroso. Confiar no sólo en las personas, sino también en los procesos y en el desarrollo natural de los acontecimientos. Requiere una dosis considerable de humildad y vulnerabilidad porque implica reconocer que no tenemos todas las respuestas, que no todo depende de nuestro esfuerzo y que la mayoría de las variables escapan a nuestra voluntad.

Un ejemplo claro de esta lucha interna se presentó cuando decidí emprender un nuevo proyecto profesional. Después de décadas trabajando en una multinacional, donde los procedimientos estaban claramente definidos, enfrentarme a la incertidumbre del emprendimiento me generó una gran ansiedad. Dudaba de mis capacidades, temía al fracaso y sentía la necesidad de controlar cada detalle. Me tomó un tiempo comprender, que el éxito dependía en gran medida de confiar en el equipo, delegar responsabilidades y aceptar que el camino estaría lleno de imprevistos. Delegar no era claudicar; era confiar en la inteligencia colectiva.

También viví esa tensión en el ámbito familiar, cuando mis hijos comenzaron a tomar decisiones cruciales sobre su futuro y uno de ellos eligió un camino profesional diferente al que yo esperaba. Mi primera reacción fue oponerme. Quería protegerlo de posibles errores y guiarlo hacia lo que, según mi experiencia, era lo "correcto". Pero al final, entendí que mi papel era apoyarlo y confiar en su criterio, aunque eso implicara soltar mis expectativas. He comprendido que confiar no significa renunciar al juicio ni actuar con ingenuidad. Se trata, más bien, de ejercer un discernimiento más fino: saber cuándo intervenir y cuándo retirarse. Acompañar sin dirigir, estar sin invadir. Entender que no todo se resuelve con más control, sino con más escucha, más presencia, más paciencia. Y aunque todavía me descubro cayendo en viejos reflejos, hoy puedo decir que confiar, en muchas ocasiones, es la forma más elevada de actuar con responsabilidad.

Resentimiento

Leí una frase de Dostoievski: "Mis mejores sentimientos, como la gratitud, me están expresamente vedados únicamente a causa de mi posición social." En el contexto de la obra[2], la frase refleja la incapacidad del diablo para experimentar la gratitud debido a su naturaleza maligna. Esto me hizo reflexionar cómo la posición social, la envidia o la sensación de inferioridad —entre tantas otras cosas— pueden impedir a una persona sentir gratitud. El diablo, si es que existe (o la maldad en algunos humanos que sí existe), no puede agradecer. La gratitud presupone humildad y el reconocimiento de que hay algo fuera de uno mismo

---

2   Dostoievski, F. M. *Los hermanos Karamazov*, 1980.

CAPÍTULO I | CREENCIAS

que merece ser honrado. Pero el resentido, como el diablo, no agradece, sólo destruye. Hay una línea muy fina que separa la civilización de la barbarie. Es un gran logro construir algo, una labor lenta y cuidadosa, un milagro que sobreviva dada la fragilidad de todas las cosas sumada a la maldad y a la negligencia de la que los humanos a veces somos capaces. Una gran construcción puede llevar siglos en levantarse, pero basta un incendio para que todo desaparezca. Lo frágil no es sólo la materia, también lo son la belleza, la justicia, nuestra civilización y nuestras instituciones. Todo lo que amamos es efímero. Todo puede ser barbarie en un abrir y cerrar de ojos. Las circunstancias en determinadas situaciones pueden empujar al ser humano a tener actitudes incomprensibles, como la violencia, el asesinato no premeditado, la expresión ofensiva con rudeza innecesaria, entre muchísimas otras.

¿Y qué impulsa este mal? Como dijo Nietzsche, es el resentimiento, esa emoción venenosa. El resentido, cuando dice buscar justicia, busca venganza, una venganza envuelta en invectivas morales como la redistribución o la igualdad. Lo advertía con espanto: "Quieren hacer que los felices se avergüencen de su felicidad y se digan unos a otros: es una ignominia ser feliz con tanta miseria." Cuando el resentido impone su visión, culpa a los demás por su propia desgracia, que en general se debe a sí mismo. Hay que destruir al otro. El resentido necesita el sufrimiento ajeno para llenar su vacío, y para ello alguien tiene que ser culpable de que yo me encuentre mal, y ese alguien eres tú. La mezcla de resentimiento con poder es una de las más peligrosas, y algunos líderes que han gobernado y seguirán gobernando a través de la historia con esa mezcla han sido —a mediano y largo plazo— destructivos para sus países, convirtiendo en leyes sus venganzas. Sin embargo, hay excepciones, como el líder de Singapur, Lee Kuan Yew, quien a pesar de su autoritarismo, gobernó con pragmatismo y logró transformar a su nación. La tentación de emular esta "tercera vía" es grande para algunos líderes, pero las condiciones particulares de cada nación no permiten una única receta para el éxito.

Me niego a caer en la trampa de las matrices de opinión que aseveran que todos los ricos son malos y todos los pobres son buenos. Semejante falacia no hace justicia a la complejidad humana, en la que hay matices de bondad y maldad en todas las clases sociales. Debemos cuidarnos de esas generalizaciones y, en cambio, aprender de los demás, pero sin esperar a que nos rescaten, porque esa ayuda podría jamás llegar. Es vital abordar nuestros desafíos con energía, enfoque y prioridad. En esta evolución del poder, debemos tener especial cuidado con los aduladores, que abundan. Es un error esperar lealtad de quienes sólo buscan su beneficio. He visto a algunos colegas caer en la tentación transitoria de la "egoteca", que tanto daño causa a los individuos y a su entorno. Generalmente, cuando aterrizan en la realidad, se dan cuenta del vacío de esas relaciones.

El resentimiento es como un veneno que nos ata al pasado, consume nuestra energía y nos impide ver con claridad. Es un motor del populismo, un ingrediente que desde el púlpito de cualquier ideología polariza a las personas con narrativas simplistas de "buenos y malos". La gratitud, en cambio, nos libera, nos ancla en el presente y nos permite apreciar la belleza de lo que somos y lo que tenemos. Esta polarización entre el bien y el mal, conceptos muy simplistas, se manifiesta de manera peligrosa cuando el resentimiento se combina con el poder. Por eso, como dijo Nelson Mandela: "Derribar y destruir es muy fácil. Los héroes son aquellos que construyen y que trabajan por la paz." El resentimiento, tanto en el liderazgo personal como en el profesional, es una fuerza destructiva que se enfoca en la descalificación y la venganza, en lugar de en la construcción y el progreso.

La cárcel de los "nunca" y los "siempre"

He comprendido que los absolutos rara vez nos sirven de guía. Decir "yo nunca" o "yo siempre" es construir una jaula que limita nuestra capacidad de evolucionar y adaptarnos a las circunstancias cambiantes. Todos cambiamos... y nuestras convicciones también lo hacen, a menudo de maneras que no podemos anticipar.

He sido testigo de cómo esos "nunca" se desvanecen ante la fuerza implacable de la experiencia. Durante años, afirmé con seguridad que jamás viviría fuera de Guatemala. Lo decía con convicción, respaldado por razones que me parecían incuestionables: la cercanía de la familia, la familiaridad de la cultura, el apego a la identidad. Pero la vida, con su ironía habitual, me llevó a vivir en ocho países distintos y a trabajar en trece. Y en cada uno de ellos encontré no sólo desafíos, sino también oportunidades de expansión, relaciones inesperadas, nuevas formas de entenderme a mí y al mundo. Hoy, agradezco esos giros del destino que desmantelaron mis certezas.

Esa transformación me enseñó una lección esencial: lo que más tememos —lo desconocido, lo que contradice nuestras ideas fijas—, muchas veces, es lo que más nos transforma. La pandemia, por ejemplo, nos obligó a revisar muchos "nunca" y "siempre" que creíamos inamovibles. El "yo siempre trabajo en la oficina" se transformó en jornadas laborales desde el comedor de casa. El "yo nunca confiaría en una reunión virtual" dio paso a conexiones humanas a través de pantallas. De pronto, descubrimos que podíamos reinventar rutinas, adaptar hábitos, incluso redefinir nuestras prioridades. Fue un experimento forzado, sí, pero también revelador: tomé consciencia de que somos mucho más maleables de lo que pensamos.

Y entonces validé que los "nunca" y los "siempre" no son verdades absolutas, sino fotografías congeladas de un momento, de una versión transitoria de quienes fuimos. Liberarnos de esos absolutos no significa perder firmeza, sino ganar libertad. Libertad para cambiar de opinión, para evolucionar, para explorar nuevos caminos, para permitirnos ser distintos mañana. Porque crecer, en el fondo, es eso: ir soltando certezas para hacer espacio a lo posible.

CAPÍTULO I | CREENCIAS

El arte de priorizar

En un mundo tan saturado de opciones, he llegado a comprender la importancia de gestionar con criterio el foco y la prioridad. El consumismo extremo, tan presente en la sociedad occidental, nos ha acostumbrado a pensar que todo es alcanzable y nos bombardea con mensajes que impactan constantemente nuestro subconsciente, haciéndonos desear más y más cosas, muchas de las cuales no necesitamos. Esto trae una factura relevante, no sólo en términos de contaminación, sino también al erosionar nuestra capacidad de asombro y de disfrutar de las cosas de la vida de manera profunda, no efímera. Compararse con otras personas, un ejercicio que consume una energía desproporcionada, reajusta nuestras prioridades de manera insalubre. Intento evitar esta trampa, recordando que cada individuo es único, con sus fortalezas y oportunidades.

Aprendí de un amigo libanés que el simple acto de abrazar un árbol, de manera genuina, puede transmitir buena energía. Otro amigo colombiano me enseñó lo maravilloso que puede ser "embriagarse" de buena vibra con la sola contemplación de la naturaleza o, incluso, del arte. Confieso que, a pesar de mis esfuerzos con este último, todavía no lo he logrado del todo, pero he mejorado en esa dimensión. La paz interior que puede generar la contemplación de un amanecer o un atardecer, sin que nos cueste un centavo, es invaluable.

Esta dinámica se vuelve compleja en particular para las nuevas generaciones, que tienen acceso a casi todo, y a veces carecen del criterio para ser selectivos en lo realmente indispensable. Confieso que a veces a mí también me pasa, que compro cosas irrelevantes sólo por impulso, lo que me genera una sensación de culpa. La verdadera liberación no sólo consiste en dejar fluir y no aferrarse a lo material, sino también en soltar las cosas inmateriales —como las expectativas o las percepciones ajenas— que nos demandan recursos, tiempo y energía sin agregar valor real.

El arte de priorizar y la capacidad de discernir lo necesario de lo superfluo se han convertido, para mí, en una brújula fundamental para navegar en este mundo. Es un ejercicio constante de introspección para definir lo que de verdad necesitamos y lo que simplemente deseamos por impulso. Al final, no se trata de renunciar a todo, sino de vivir de manera más consciente, plena y alineada con lo que de verdad importa. Es una jornada que, al menos en mi caso, no acaba.

No hay cargo sin abono

Esta frase, tomada de la contabilidad[3], me ha acompañado durante años: no hay cargo sin abono. Su simplicidad esconde una verdad, aplicable no sólo a los balances financieros, sino a cada decisión. Todo tiene su contrapartida. Ningún logro o fracaso es gratuito. Toda elección, por más brillante que parezca,

---

3 Fray Luca Pacioli (1447-1517) fue un fraile franciscano italiano conocido como el padre de la contabilidad.

CAPÍTULO I | CREENCIAS

arrastra consigo una renuncia. El costo puede no ser inmediato, puede no ser visible, pero está ahí, esperando ser reconocido.

En los años más intensos de mi carrera profesional, esta idea pasó de ser una máxima teórica a una experiencia vivida. Recuerdo una etapa exigente en particular, cuando me ofrecieron una promoción que implicaba liderar una operación regional desde otro país. La decisión era, desde el punto de vista profesional, casi irrefutable: mayor responsabilidad, más visibilidad, un paso firme hacia la cima. Pero en el fondo sabía que aceptar ese cargo implicaba también un abono silencioso: estar lejos de mi familia, menos cenas en casa, menos cumpleaños, menos abrazos espontáneos al final del día.

Lo acepté. Y no me arrepiento. Pero tampoco puedo negar que ese ascenso trajo consigo momentos de soledad y duda. En algunos aeropuertos, rodeado de gente y pantallas, me descubrí extrañando cosas simples: la risa de mis hijos, el olor del hogar, la rutina compartida. Me encontraba físicamente en un país, mentalmente en una reunión y emocionalmente en mi casa. Vivía en una especie de desdoblamiento constante, una fractura entre quién era en el trabajo y quién anhelaba ser en mi vida personal. El éxito, medido por los estándares externos, era incuestionable. Pero de forma interna, algo se desplazaba.

La mayoría de las veces logré mitigar esos momentos de soledad y esas punzadas de vacío recurriendo a la disciplina del cuerpo. Me encantaba andar en bicicleta, y durante años, me lanzaba a hacer recorridos largos de más de cien kilómetros. El agotamiento físico era tal —y el temor constante a caerme implicaba estar concentrado al máximo en mantener el equilibrio y la velocidad adecuada— que la mente no tenía espacio para la melancolía. Otras veces, una buena lectura absorbente o una película que me sacara de mi realidad ayudaban a la distracción necesaria. A veces, reunirme con amigos para pláticas quizá poco profundas, pero divertidas, también servía para alejar la mente del peso del "abono" y la distancia.

Uno puede tener todo en teoría, pero aun así sentir que algo falta. Y eso no es señal de ingratitud, sino de conciencia. No hay decisiones perfectas. Cada paso hacia adelante implica dejar algo atrás. La mayoría de las veces la simultaneidad es una ilusión: no es posible tenerlo todo al mismo tiempo. Por eso, más que perseguir un equilibrio ideal —esa palabra tan manoseada y vaciada de sentido en los discursos empresariales—, mi aprendizaje fundamental ha sido aceptar el desequilibrio inherente a cada etapa. Se trata de mirar de frente sus costos y beneficios, y de asumirlos con serenidad y madurez.

También comprendí que hay "abonos" que no se reconocen de inmediato. Algunos se manifiestan años después, cuando las piezas caen en su lugar. Recuerdo una conversación con mi hija, muchos años después de una de esas largas ausencias por trabajo. Me dijo: "Papá, aunque no estabas siempre, sabíamos que lo hacías por nosotros." Esa frase me alivió y me dolió al mismo tiempo. Era un reconocimiento, sí, pero también un recordatorio de lo que no estuvo. Y sin embargo, fue una especie de reconciliación. Entendí que aunque el abono fue alto, había una forma de saldo positivo: el cariño que se sostiene, incluso en la ausencia, cuando hay amor verdadero de por medio.

Hoy, esa frase —no hay cargo sin abono— me acompaña no como una advertencia, sino como una guía. Me ayuda a tomar decisiones con más conciencia, con menos ilusión de perfección. Me recuerda que todo tiene un precio, pero también que muchos precios valen la pena si se pagan con responsabilidad, sin negarlos ni endulzarlos. No se trata de vivir con culpa, sino con claridad. De entender que nuestras elecciones definen lo que somos, pero también lo que dejamos de ser. Que la madurez consiste, en parte, en reconciliarse con los costos de las propias decisiones. Porque al final del día, lo importante no es evitar el cargo, sino elegir bien qué estamos dispuestos a abonar por lo que realmente importa.

Más allá del dogma

Crecí en una casa bastante católica. Mi madre era devota, firme en sus rituales, constante en su fe. El rosario era parte de la rutina familiar; las posadas navideñas y el Vía Crucis durante la Semana Santa se vivían con recogimiento y fervor. Los domingos no eran sólo días de descanso: comenzaban, sin excepción, con la misa.

En casa, la religión no se discutía, se vivía. Era un pilar incuestionable, una certeza que flotaba en el aire y daba forma a nuestra manera de estar en el mundo. También tuve exposición a formación religiosa, donde la doctrina y la moral se enseñaban con autoridad y sin espacio para los matices. En esos años, la religión funcionaba como un marco claro, que otorgaba estructura, sentido y pertenencia a muchas de las experiencias de la infancia. Y debo confesar que varios de esos pilares fundamentales, forjados en la fe, fueron un apoyo crucial, en especial durante mi adolescencia e inicios de la adultez, ayudándome a no incurrir en deslices mucho más significativos de los que ya había tenido.

Pero con el tiempo, ese marco empezó a quedarme estrecho. No porque lo despreciara, sino porque comencé a sentir que mi relación con lo trascendente necesitaba más preguntas que respuestas fijas. Me fui alejando de la religiosidad formal, no por rebeldía, sino por evolución. Descubrí que mi fe no cabía del todo en los límites institucionales. Había algo en mí que buscaba una espiritualidad menos rígida, menos condicionada por normas externas y más anclada en la experiencia interior.

Recuerdo una tarde especialmente significativa. Estaba sentado solo frente al mar, durante un viaje que necesitaba más como pausa emocional que como descanso físico. Habíamos escapado a la casa del puerto, en el Pacífico, ese refugio al que acudíamos cada fin de semana posible. No había iglesia cerca, ni Biblia a la mano. Sólo la inmensidad del océano, el ritmo constante de las olas, el cielo abierto y un silencio envolvente. En ese momento sentí algo que no puedo explicar del todo, pero que me atravesó con fuerza. No fue una epifanía, pero sí una certeza: Dios —o lo

CAPÍTULO I | CREENCIAS

que cada uno entienda como divino— estaba ahí, en esa plenitud sin palabras, en esa paz sin argumento. Desde entonces, he aprendido a orar sin fórmulas, a agradecer sin intermediarios, a confiar sin necesidad de comprenderlo todo. Mi espiritualidad se expresa en cosas sencillas: en la gratitud de cada mañana, en el respeto genuino por quien piensa distinto, en el cuidado de lo que me rodea, en una oración interior que a veces no tiene palabras, pero tiene intención. No reniego de la religión que me formó, pero tampoco me someto a ella de forma automática. Elijo lo que me nutre y dejo lo que me pesa. Como con muchas cosas en la vida, trato de quedarme con la esencia más que con la forma.

Sé que, para algunos, esto puede sonar a relativismo. Pero para mí, es honestidad. Prefiero una fe imperfecta pero vivida con coherencia, que una fe obediente pero desconectada del corazón. Me conmueve ver a alguien rezar con fervor en una iglesia, pero también me conmueve el silencio de una persona que, frente a una injusticia, actúa con compasión. La espiritualidad auténtica no se mide en credos formales ni en ritos externos, sino en actos concretos. Como decía León Tolstói (1828-1910): "No me hables de tu religión, muéstrame tu religión en tus acciones". La forma en que tratamos al otro, la empatía genuina que mostramos, dice mucho más de nuestra conexión con lo divino que cualquier palabra que pronunciemos o afiliación que ostentemos. Principios como "ponerse en los pies de los demás" y "no hacerle a tu prójimo lo que no te gustaría que te hicieran a ti o a tus seres queridos" son dos pilares que, si bien no logro dominar por completo, intento practicar con humildad y persistencia, reconociendo que el camino es continuo y las fallas, parte del aprendizaje. Este dilema entre espiritualidad y religión no es algo que haya resuelto del todo. A veces, echo de menos la certeza de los ritos, el consuelo de los credos, la pertenencia que da una comunidad religiosa. Pero también celebro la libertad que me da poder explorar, dudar, reformular. He hecho las paces con ese espacio ambiguo. Ya no lo veo como una contradicción, sino como un camino personal, en el que sigo buscando, con humildad, señales de lo sagrado en lo cotidiano.

Mi madre, con quien compartí tantas misas y oraciones, quizá no habría entendido esta evolución, pero creo que habría respetado mi sinceridad. Me gusta pensar que, en el fondo, ella también encontraba a Dios en su jardín, en los gestos cotidianos, en su forma silenciosa de cuidar a los demás.

Hoy, mi espiritualidad no tiene nombre, pero tiene presencia. No responde a dogmas ni a rituales, pero se manifiesta en el respeto, la compasión, la gratitud y la conexión con todo lo que me rodea. En eso, me reconozco cercano a la visión del filósofo holandés Baruch Spinoza (1632-1677): un dios que no es una figura personal o trascendente, sino la sustancia misma de la naturaleza, la energía que sostiene todo lo que existe. No es un dios que interviene, sino que es. Es la lógica invisible del universo, la armonía que se revela en lo pequeño y en lo inmenso, en lo que cambia y en lo que permanece. A lo largo de mi vida, he vivido

CAPÍTULO I | CREENCIAS

experiencias en las que los elementos se alinearon de una manera que favorecía mi posición, sin que yo lo hubiera planeado. Hay quienes hablan de la magia o de "tener ángel", de estar en el lugar y el momento indicados, de una serie de coincidencias que hacen que las cosas se ordenen de cierta forma en lo profesional y lo personal. Pienso que esta noción, aunque parezca esotérica, es una manifestación de algo que va más allá de lo puramente racional. Y eso, para mí, basta, por ahora, pues he sido testigo de varias de estas experiencias en las que los elementos se alinearon a mi favor de manera fortuita, casi por suerte.

§

Al repasar mis creencias entendí que la gratitud y la curiosidad no son sólo virtudes abstractas, sino fuerzas capaces de transformar la manera en que vivimos. Aprendí a cuestionar absolutos, a soltar certezas y a reconocer que mis convicciones, aunque firmes, no están terminadas. Este camino interior me ha permitido tomar decisiones con más serenidad y enfrentar el resentimiento, el miedo y el dogma con apertura. Pero estas por más sólidas que parezcan, sólo encuentran su verdadera medida en el encuentro con los demás.

Por eso, el siguiente capítulo se centra en mis conexiones. Porque es en las amistades, en la familia, en las coincidencias inesperadas y hasta en los roces más difíciles donde se ponen a prueba nuestras creencias.

Las relaciones han sido mi espejo, mi refugio y también mi desafío. Son ellas las que han moldeado mi carácter tanto como mis valores, y en esta parte del relato quiero compartir lo que me enseñaron sobre generosidad, miedo, comunicación y diversidad.

Capítulo II

CONEXIONES

"Conectar es escuchar sin querer tener la razón."

— Anónimo

CAPÍTULO II | CONEXIONES

Creo que el verdadero motor de la existencia no radica en los logros acumulados ni en los bienes materiales, sino en la calidad de nuestras conexiones humanas y en la manera en que cultivamos nuestro mundo interior. Las relaciones que he construido —con mi familia, con mis amigos, con las personas que no gustan de mí, de competidores, colegas y hasta con personas que aparecieron fugazmente— han sido una fuente de aprendizaje, de consuelo y de transformación.

Con una creciente "recesión de la amistad auténtica", la sociedad actual se enfrenta a una crisis de conexiones significativas. Mientras el número de personas con pocos amigos cercanos se ha cuadriplicado en Estados Unidos desde 1990, los vínculos profundos se vuelven cada vez más escasos. Esta tendencia, impulsada por un estilo de vida que prioriza la soledad y la desconexión, no es sólo un problema social, sino una verdadera crisis cultural con serias consecuencias para nuestra salud física y mental. Investigaciones como las de la Universidad de Harvard[4] demuestran que las relaciones cercanas son el mayor predictor de felicidad y salud, superando a la riqueza o la carrera. Por ello, debemos ver la amistad no como un lujo, sino como una inversión esencial que requiere esfuerzo y dedicación. Es tiempo de recuperar la cercanía, honrar nuestros lazos y nutrir esas relaciones que, al final de la vida, se convierten en nuestra mayor recompensa.

Me he dado cuenta de que el bienestar emocional no se mide por la ausencia de problemas, sino por la red de personas que nos sostienen cuando la vida se torna incierta. Son esas miradas que comprenden sin juzgar, las conversaciones que nos devuelven perspectiva, y los silencios compartidos que alivian sin necesidad de palabras. Cada vínculo ha dejado una huella, muchas veces sutil, pero arraigada en mi carácter y mi forma de estar en el mundo.

Paralelamente, he descubierto que el trabajo interior —el esfuerzo por conocerse, observarse y evolucionar— es indispensable para nutrir esas relaciones y vivir con mayor plenitud. No es casual que los momentos en los que más me he sentido en paz

---

[4] Bruckmann, C. "The Friendship Recession: The Lost Art of Connecting". Harvard Kennedy School. 2025.

CAPÍTULO II | CONEXIONES

hayan coincidido con períodos de mayor conciencia, humildad y presencia. El desarrollo interior no es un destino, sino un proceso, un camino interminable y continuo de ajuste, aprendizaje y gratitud.

Este capítulo es un intento por recorrer algunas de esas conexiones —externas e internas— que han dado forma a mi relato de vida. No busco idealizarlas ni narrarlas con nostalgia, sino compartir lo que me han enseñado y cómo me han hecho, en muchos sentidos, mejor ser humano.

El valor de los vínculos

No tengo duda de que he sido bendecido en la dimensión de la amistad. Desde mi infancia, la vida me regaló compañeros auténticos que me acompañaron con paciencia, escucha y cariño en cada etapa. Aún hoy, conservo la amistad entrañable de aquellos compañeros del colegio y vecinos del barrio con quienes compartí juegos en la calle, largas conversaciones bajo la luz tenue de los faroles y las primeras aventuras que moldearon mi carácter juvenil. En aquella época, sin redes sociales ni teléfonos inteligentes, la conexión era directa, espontánea y real. Nos bastaban una pelota, una bicicleta o una charla nocturna para sentirnos parte de algo más grande que nosotros mismos. Esta red de amistades de toda la vida es una plataforma actual en mi ciclo vigente.

Con las vueltas del destino, esa suerte de contar con amistades valiosas se fue replicando en los distintos países donde viví. En Guatemala, Panamá, Suiza,

Colombia, Argentina, Venezuela, México y Brasil, la vida me siguió sorprendiendo con personas generosas, diversas y genuinas. En cada lugar cultivé relaciones significativas que no sólo enriquecieron mis experiencias, sino que también expandieron mi mirada del mundo. Algunas amistades surgieron en entornos profesionales, en medio de negociaciones, tensiones o proyectos desafiantes; otras en contextos más cotidianos, como vecinos, colegas de trabajo, incluso padres de los amigos de mis hijos. Lo curioso es que muchas de esas relaciones, nacidas de lo circunstancial, se transformaron en lazos afectivos consistentes. También descubrí la figura de "amistades de ocasión", de poca trascendencia y sustancia, pero no por ello dejaron de ser fuentes de aprendizaje.

Además de las personas, guardo una profunda gratitud por las oportunidades que esos países ofrecieron a mi familia y a mí, tanto en lo personal como en lo profesional. Panamá marcó nuestra primera expatriación y el nacimiento de mi hija. Suiza, con más de 2,500 empleados de más de cien nacionalidades, me mostró la fuerza de la diversidad y el respeto por la diferencia. Brasil me enseñó el valor de la inmensidad geográfica y cultural, un país donde la energía y la calidez humana son infinitas. México, con su comida excepcional y su herencia histórica viva, fue un hogar lleno de sabor y aprendizaje. Colombia me conquistó con su colorido, su música, su alegría y ciudades tan especiales como Cartagena y Medellín. En Venezuela, con su geografía bendecida —desde Los Roques y los Andes hasta la imponente Gran Sabana—, me recordó

CAPÍTULO II | CONEXIONES

que la belleza natural puede convivir con la resiliencia de su gente. Y en Argentina, exploré la monumental ciudad de Buenos Aires, la Patagonia del Perito Moreno y los viñedos de Mendoza. En todos ellos encontré generosidad, diversidad y la oportunidad invaluable de aprender.

He tenido el privilegio de formar parte de diversos círculos de amistad que, aunque muy distintos entre sí, han sido fundamentales en mi crecimiento. Desde los amigos de la infancia en los barrios donde crecí, hasta aquellos con quienes compartí las aulas del colegio; desde las amistades construidas en distintas etapas profesionales, en varios países y contextos, hasta aquellas que surgieron en espacios de reflexión colectiva, donde intercambiar experiencias se convirtió en una fuente inagotable de aprendizaje. Algunos eran mayores que yo y se convirtieron en mentores entrañables; otros, más jóvenes, como sobrinos o hijos de amigos cercanos, han sido una inspiración por su frescura, inteligencia y capacidad de cuestionar. En cada uno de esos grupos encontré no sólo compañía, sino también ideas, afecto y estímulos para evolucionar como persona. Todas esas relaciones han sido, en conjunto, una de las fuentes más constantes de crecimiento personal, espiritual y emocional. Me han recordado, una y otra vez, que no estamos hechos para andar solos.

Cada uno de esos vínculos ha sido una escuela en sí misma. En muchos momentos, han sido el refugio emocional que me sostuvo cuando la vida trajo dudas, cansancio o dolor. Y en otros, han sido el espejo amable que me ayudó a celebrar mis logros (privados o colectivos) sin perder de vista la humildad, así como compartir con transparencia los innúmeros fracasos con escucha atenta y solidaria.

Una anécdota que me sigue haciendo sonreír es la del equipo de softbol que formamos en Guatemala. Nos llamábamos Los Leñadores, un nombre que reflejaba más nuestro entusiasmo que nuestra destreza en el campo. Éramos un grupo variopinto, compuesto por personas de distintas edades, profesiones y nacionalidades, unidos por el simple gusto de pasarla bien. Aunque perdíamos la mayoría de los partidos, celebrábamos cada hit como si estuviéramos en la Serie Mundial. Lo importante no era el resultado, sino el ritual: las bromas, las porras, las cervezas frías al final del juego y la sensación de pertenecer a algo lúdico y colectivo. En un mundo que muchas veces valora sólo el éxito, nosotros festejábamos la participación. Esa camaradería fue una fuente genuina de alegría y realización.

También he tenido el invaluable regalo de tener amigos en distintos momentos y contextos, con quienes he recorrido caminos largos, cortos, empinados y empedrados. Algunos me han confrontado con cariño cuando me desvié, otros me han escuchado cuando no tenía más que silencio que ofrecer. Y muchos han estado simplemente ahí, sin necesidad de grandes gestos, pero con una presencia constante que lo decía todo. Los verdaderos amigos no se miden por la frecuencia del contacto, sino por la robustez del vínculo. Son aquellos con quienes puedes retomar una conversación

CAPÍTULO II | CONEXIONES

después de años como si el tiempo no hubiera pasado.

Las amistades son un activo invaluable en todas las etapas de la vida; son fuente de consuelo, diálogo y respeto, entre muchas otras dimensiones relevantes. Gracias a la diversidad de países en los que convivimos con culturas diferentes, a pesar de ser latinos, construimos amistades duraderas basadas en la empatía, el respeto y el cariño mutuo. Es curioso que, cuando por cuestiones geográficas dejamos de frecuentar a ciertas amistades, en el momento de reencontrarnos, la energía positiva fluye y la conexión se restablece en armonía. Este tema de la amistad es poderoso y excelente para nuestra salud física y mental. Aprendí de un buen amigo colombiano, la reflexión del filósofo y escritor argentino Jorge Luis Borges (1899-1986) que dice: "La amistad no necesita frecuencia, el amor sí".

He aprendido a ser selectivo con mis energías; entendí que no todas las relaciones son nutritivas. Me ha tocado, como a todos, tomar distancia de personas o entornos que drenaban mi ánimo o estimulaban emociones negativas. No lo hice desde el juicio, sino desde la necesidad de cuidar mi salud emocional. Agradezco incluso esas experiencias, porque me enseñaron a poner límites y a valorar aún más las relaciones que sí me suman.

Hoy, cuando miro hacia atrás, me doy cuenta de que las conexiones auténticas han sido el verdadero capital emocional de mi vida. Ningún logro profesional, ningún bien material, ningún reconocimiento externo se compara con la riqueza de una amistad sólida, cultivada con presencia, respeto y cariño. En un mundo cada vez más acelerado, pragmático y superficial, con el deseo a veces enfermizo de un like en las redes sociales, sigo creyendo con firmeza que dedicar atención a nutrir nuestras relaciones humanas es una de las inversiones más sabias y trascendentes que podemos hacer. Me inquieta reconocer cuántas horas se me escapan, a veces sin notarlo, conectado a Internet, consumiendo contenido irrelevante. Aunque soy un usuario pasivo de redes sociales, no dejo de preguntarme cuántas de esas horas podrían haberse destinado a compartir con alguien, profundizar un conocimiento o simplemente estar más presente. El tiempo —el recurso más escaso de la humanidad— merece una atención más consciente y generosa.

La mochila de vida

Cada persona carga su propia mochila de vida. A veces ligera, otras veces insoportablemente pesada. En ella llevamos nuestras vivencias, nuestras heridas, nuestras aspiraciones no cumplidas y culpas mal resueltas. A simple vista, esa carga es invisible, pero todos la arrastramos —unos con más dignidad que otros— a lo largo del camino. Lo que he descubierto con los años es que la verdadera sabiduría no consiste en vaciar la mochila, sino en aprender a acomodar su contenido con orden, compasión y perspectiva.

La empatía ha sido una brújula esencial para mí en ese proceso. Me ha ayudado a trascender la estrechez de mis vivencias y a comprender que cada persona vive una batalla distinta. Todos somos, de alguna manera, sobrevivientes de algo: de un amor que no fue, de una expectativa incumplida, de un error que nos cuesta perdonarnos. La empatía —cuando es genuina— nos permite detener el juicio fácil y abrir un espacio para escuchar, observar y conectar con el otro sin necesidad de explicaciones completas.

Durante mi juventud, sentí con fuerza esa necesidad de encajar, de ser aceptado en círculos sociales que, muchas veces, no correspondían ni a mis valores ni a mis verdaderos intereses. Ese deseo de pertenencia, tan humano y tan potente, puede convertirse en una carga abrumadora cuando uno no ha aprendido todavía a valorarse por lo que es, y no por lo que proyecta. Tardé en comprender que buscar aprobación constante es una trampa emocional. Cada vez que actuamos para complacer al otro y no desde nuestra convicción, agregamos una piedra más a esa mochila invisible que cargamos a cuestas.

He comprendido que parte de esa mochila está hecha de expectativas heredadas de la familia, de la cultura, del género, de los modelos de éxito que nos venden. A veces no sabemos ni por qué queremos lo que queremos, sólo repetimos aspiraciones ajenas sin detenernos a cuestionarlas o al menos reflexionarlas. Me llevó años entender que el reconocimiento externo no llenaba necesariamente mi vacío interno. Que podía ser eficaz, competente, incluso admirado, y aun así sentirme desconectado de mi esencia. No por falta de logros, sino por falta de alineación conmigo.

Uno de los pesos más persistentes en mi mochila de vida ha sido el miedo al juicio de los demás. Si bien mi autonomía en este sentido ha crecido, reconozco que aún estoy en el proceso de liberarme de esa carga por completo.

Hoy sé que aligerar esa carga no es renunciar a la responsabilidad, ni mucho menos a la ambición bien entendida, sino reconciliarse con uno mismo. Dejar de pelear con el pasado. Aceptar que la imperfección es parte del equipaje. Reconocer los errores, perdonarlos, aprender de ellos y seguir caminando con más humildad. En ese proceso, descubrí que hay pesos que no desaparecen, pero se transforman en enseñanza, en fortaleza, en compasión hacia los demás y a veces hacia mí.

Y así como cada uno lleva su mochila, también cada uno —de manera consciente o no— decide cómo cargarla. Algunos la niegan, otros la exhiben como trofeo, y hay quienes la revisan con honestidad, sacan lo que ya no sirve, y se quedan con lo que nutre. Yo intento, con mayor frecuencia ahora que antes, ser parte de este último grupo. Me equivoco, claro, pero al menos soy más consciente del contenido que cargo y del impacto que tiene no sólo en mí, sino en quienes me rodean.

Generosidad

La felicidad es una dimensión tan compleja de medir y de hacer duradera, que su perspectiva es casi única para cada ser humano. En mi caso, he validado que mi felicidad es mi total responsabilidad, no depende de otros, y que, además, no es permanente. Descubrí, después de muchos intentos, que se logra desde lo más profundo del ser y que requiere invertir tiempo y recursos en aquellos temas que nos brindan esos momentos especiales y únicos. Es muy desgastante buscar la felicidad en otras personas, y creo que es egoísta, pues cada alma debe construir su camino en este viaje terrenal.

En un mundo donde la crítica y la negatividad parecen dominar las redes sociales y los medios tradicionales, una palabra cariñosa o un comentario oportuno son un regalo invaluable que puede tener un impacto transformador en otra persona. No cuesta nada y, por lo general, el resultado sorprende al hacer que la gente se sienta escuchada y valorada.

De los 20 a los 30 años, enfoqué buena parte de mi energía en presionar para recibir lo mejor de los otros. Con el tiempo, aprendí que el verdadero *recibir* está directamente relacionado con el *dar*. Si bien existen almas excepcionales que dan sin esperar nada a cambio, no creo ser parte de este grupo privilegiado. Sin embargo, sí aprendí que si se da con generosidad, lo que se recibe a cambio es una abundancia inesperada.

Las conexiones humanas no sólo se construyen con la familia o los amigos. A veces, los vínculos más reveladores se forjan en encuentros fugaces con personas que aparecen en nuestra vida por un instante, dejándonos lecciones valiosas. Tal como lo plantea la película *Cadena de favores* (2000), que trata de un eslabón en una cadena de bondad, una energía que se transmite sin esperar nada a cambio. La idea es simple pero poderosa: en lugar de necesariamente devolver un favor al benefactor, tienes la opción de gratificar y pasarlo a otras personas, creando un efecto dominó de generosidad que puede transformar el mundo. Es una invitación a la acción individual para el cambio colectivo, superando el individualismo y cultivando la solidaridad.

Durante la pandemia, fui con Rocío a un zoológico. Muchas atracciones estaban cerradas, pero el aviario sí funcionaba. A la salida, había una tienda con fotografías de recuerdo. Vi a una madre con su hijo, de unos siete u ocho años, que quería la fotografía, pero ella no podía pagarla porque la terminal del banco estaba dañada. Noté la decepción en el rostro del niño y le ofrecí pagar con el efectivo que usualmente llevo. Al principio la señora se negó, pero ante la insistencia de su hijo, aceptó. Fue entonces cuando le pedí que, en lugar de pagarme, hicieran un bien a cualquier prójimo. No me refería necesariamente a un gesto monetario, sino a una sonrisa o a una simple palabra de agradecimiento. El rostro del niño se iluminó... y yo me sentí en paz. Creo que ese gesto, aunque pequeño, se convirtió en un acto de karma positivo, concepto que proviene de las tradiciones hinduistas y que se basa en la ley universal de causa y efecto. No se trata de un destino predeterminado, sino de la idea de que cada acción, pensamiento o palabra que emitimos tiene una consecuencia que, tarde o temprano, vuelve a nosotros. El acto de bondad desinteresado no sólo genera bienestar en el momento, también contribuye a generar energía positiva, recordándonos que somos parte de una red invisible donde un simple acto puede generar una onda expansiva de bienestar. Esta experiencia se contrasta con una que viví hace poco en un supermercado. Una señora mayor, que llevaba unas cuantas cosas básicas y unas macetas de flores que le habían atraído, se quedó corta de dinero al momento de pagar. Observé la situación y no tuve la capacidad de reaccionar a tiempo. Me reproché durante varios días mi lentitud, sintiendo una profunda frustración por no haber actuado. Esa oportunidad de conexión se me escapó, dejándome la lección de que la compasión requiere tanto de intención como de agilidad, y de que la interconexión a gran escala comienza con cada uno de nuestros actos individuales.

    No soy donante de grandes iniciativas. Muchas de estas organizaciones con campañas conmovedoras no transparentan qué porcentaje de sus fondos en realidad llega a los beneficiarios y cuánto se invierte en la burocracia; la gobernanza no es transparente. Como no percibo esa claridad, prefiero apoyar a título individual a personas con potencial de mejorar su vida y la de su entorno, sin importar su clase social. No critico a quienes lo hacen de otra manera, pero en mi caso, he encontrado que la conexión reside en los actos directos, en el impacto que se puede ver y sentir de manera tangible sin pedir nada a cambio.

    El arte de aprender a dar sin esperar nada a cambio es una apuesta que no garantiza el éxito, pero que en mi caso, con frecuencia, ha generado paz interior y esa satisfacción de sentirse bien con uno mismo. Por supuesto, en procesos de negociación formales, el enfoque es intentar optimizar los beneficios de ambas partes. Si bien tengo dudas significativas sobre la expresión de que una negociación es un "ganar-ganar" —ya que por lo general la parte más fuerte o la que tiene las mejores cartas obtendrá inevitablemente las mejores condiciones—, también he aprendido que incluso en esos contextos, una mentalidad generosa puede generar un beneficio inesperado. El valor no sólo se mide en términos económicos. A veces, dar un poco de terreno en el tablero de negociación puede resultar en una mayor confianza, una relación más sólida o un respeto mutuo que, a largo plazo, son una ganancia invaluable. Lo fundamental es la simetría de propósito en ambas partes, asegurando que la base ética de la relación permanezca.

El miedo como mayor obstáculo

He sentido miedo muchas veces. Miedo a fallar, a decepcionar, a no estar a la altura. No me refiero al miedo instintivo, ese que nos salva en situaciones de peligro físico, sino a otro más silencioso, más persistente: el miedo emocional. El que aparece en las encrucijadas importantes. El que susurra dudas al oído justo antes de tomar una decisión relevante. El que, sin levantar la voz, tiene la capacidad de frenar proyectos, encoger sueños o distorsionar el juicio.

Recuerdo el vértigo que sentí al asumir mi primer cargo de liderazgo en la multinacional donde desarrollé la mayor parte de mi carrera. A pesar de la preparación académica, de la experiencia acumulada, de los

CAPÍTULO II | CONEXIONES

buenos resultados previos, me sentía muy inseguro. ¿Estaré preparado? ¿Seré capaz de tomar decisiones difíciles? ¿Tendré la madurez para liderar equipos diversos y enfrentar tensiones reales? En aquel momento, el miedo no era una emoción abstracta: era una presencia concreta que me visitaba por las noches y se instalaba en mis silencios diurnos.

Fue precisamente ese miedo el que me obligó a afinar el oído, a estudiar con mayor disciplina, a escuchar más y a hablar menos. De manera paradójica, me ayudó a prepararme mejor. Ese temor inicial, lejos de paralizarme del todo, me impulsó a una actitud de constante mejora. Fue, en muchos sentidos, una fuerza incómoda pero fecunda. No desapareció del todo, pero aprendí a convivir con él sin que definiera mis decisiones. Ese mismo miedo inicial me permitió liderar durante más de dos décadas con una mezcla de prudencia, entrega, visión, trabajo en equipo y humildad.

Miro hacia atrás y me doy cuenta de que esa inseguridad no fue un defecto, sino una forma de mantenerme alerta, de no caer en la trampa de la autosuficiencia. La confianza sin conciencia puede ser tan peligrosa como la parálisis por duda. Lo que marcó la diferencia no fue la ausencia de miedo, sino la manera en que decidí relacionarme con él.

Claro está que mis miedos no surgieron en el vacío. Fueron moldeados por una formación rígida y exigente: religiosa, militar, familiar. De niño, entendí que equivocarse era algo que debía evitarse a toda costa. La exigencia de ser "correcto" y de no fallar se convirtió en un mandato silencioso que caló hondo.

Ese condicionamiento, aunque forjó en mí cierta disciplina valiosa, también dejó huellas difíciles de gestionar. Me costó mucho tiempo aceptar que equivocarse no era fracasar, sino aprender. Y que el verdadero coraje no está en no tener miedo, sino en avanzar a pesar de él.

Con los años, fui entendiendo que el miedo también tiene la capacidad de disfrazarse. A veces se presenta como exceso de planificación, como perfeccionismo, como necesidad de control. Estas actitudes —que a menudo confundí con virtudes— eran en realidad escudos emocionales frente a la incertidumbre. Controlar era mi manera de calmar la ansiedad de no saber. Y si bien ese enfoque me fue útil para navegar entornos corporativos complejos y plenos de política, reconozco que, en otras áreas, me impidió fluir con mayor ligereza o abrirme a experiencias no previstas.

No tengo recetas infalibles para gestionar el miedo, pero sí he desarrollado algunas convicciones. La primera es que el miedo no se vence con voluntad bruta, sino con comprensión. Hay que conocerlo, ponerle nombre, observar su origen y su manifestación. La segunda es que compartirlo lo vuelve menos amenazante. Cuando dejamos de ocultarlo, perdemos menos energía en mantener la fachada. Y la tercera es que el miedo no es un enemigo que debe ser exterminado, sino un compañero que debemos aprender a ubicar en el lugar correcto: que esté presente, pero no al volante.

Hoy todavía experimento miedo. Miedo a enfermar, a volverme irrelevante, a no tener el tiempo suficiente para terminar lo que considero importante. Pero ya no lo veo como una señal de debilidad. Lo recibo como parte natural de la conciencia humana. A veces lo escucho, a veces lo contradigo. A veces me detiene, a veces me mueve. Pero me recuerda que estoy vivo, que me importa, que sigo aprendiendo. Me identifico con la definición de Marco Aurelio (121-180) que reza: "El miedo nace del apego, temes perder porque crees poseer. Pero nada es tuyo ni lo que amas ni lo que odias." Mis mayores miedos vigentes, por lo tanto, están encabezados por el miedo a morir, porque estoy muy apegado a la vida, a mi entorno y a mi círculo. Sé que tarde o temprano tendré que construir nuevos pensamientos que me permitan abordar la inevitable muerte en paz y con dignidad. Tengo otros miedos, por supuesto: a que mis decisiones, o las del entorno, puedan desembocar en la destrucción de mi patrimonio de toda índole; a la salud de mis seres queridos, especialmente mis hijos y nietos; a que ocurran cambios fundamentales en los países donde vivo que vuelvan mi residencia insostenible; o a un accidente cualquiera, por lo que con los años me he vuelto más cuidadoso. Esta definición del miedo como el apego a las cosas que no queremos soltar trae una lucha constante por tener la paz interior para poder liberarlas. De ahí que mi miedo a morir no sea la muerte en sí, sino el apego a la vida que tanto disfruto, el cual no he resuelto. Me asusta la posibilidad de que mis hijos, descendientes y seres queridos puedan enfrentar una enfermedad o incapacidad irresoluble. También me atormenta la idea de convertirme en una carga para ellos o para cualquier otra persona. Hay tantos miedos en la vida, que para superarlos sólo queda enfocarse en vivir con un desapego consciente para encontrar la calma interior. El mar en calma no hace grandes marineros... y los corazones intactos rara vez dan calor. Creo que para sobrepasar los desafíos que la vida nos presenta, debemos esforzarnos y utilizar las herramientas adecuadas. El equilibrio entre nuestros talentos naturales, actitud, vocación y manera de comunicar es esencial para estar bien con nosotros y poder crecer. Llorar por el pasado no cambia mucho, pero ejecutar de manera correcta el presente lo cambia todo. No debemos esperar que otros resuelvan nuestros desafíos, pienso que esa tendencia a procrastinar las decisiones sólo traba nuestro desarrollo. Cuando la coyuntura nos obliga a decidir, es nuestra responsabilidad hacerlo, pues somos el resultado de nuestras acciones, no de nuestro entorno. Como decía Maquiavelo (1469-1527): "Un hombre prudente no se arrepiente de lo que no puede cambiar, sino que mejora lo que sí puede."

Un jefe muy relevante que influyó en mi vida me enseñó: "No hagas enemigos gratuitos, ni en tu vida personal ni profesional." No sabemos lo que nos depara el futuro ni dónde nos podemos reencontrar y podrían pasarnos factura. Fue un consejo invaluable.

Comunicación

La forma en que nos relacionamos con el entorno y con las personas que nos rodean impacta nuestra

CAPÍTULO II | CONEXIONES

energía. La vida es demasiado breve —y valiosa— para rodearse de presencias que drenan nuestra vitalidad sin aportar reciprocidad. No hablo necesariamente de rupturas dramáticas o aislamientos abruptos, sino de la sutil, pero crucial, necesidad de establecer límites sanos. Eso implica limitar la exposición a ciertos entornos, reducir la frecuencia del contacto o, simplemente, no engancharse de forma emocional con conductas que uno ya reconoce como tóxicas o destructivas.

A medida que pasaron los años desarrollé una intuición particular para detectar esas dinámicas que me restan más de lo que me aportan. Críticas disfrazadas de consejos, conversaciones plagadas de quejas repetitivas, dramatismos innecesarios o una negatividad persistente que termina infiltrándose en el ánimo. Al principio, me costaba tomar distancia. Quería agradar, mantener la armonía, evitar el conflicto. Pero entendí que cuidar mi paz interna no es un acto egoísta, sino una forma de salud emocional.

Eso implicó, en muchos casos, tomar decisiones incómodas. Tuve que alejarme de ciertos círculos donde mi autenticidad se diluía, donde, para pertenecer, sentía que debía adaptarme a un tono o a una narrativa que ya no resonaban conmigo. A veces, ese distanciamiento fue gradual, casi imperceptible; otras veces fue más evidente, aunque actuando con respeto y sin provocar resentimiento. Hoy, mi objetivo es claro: procuro rodearme de personas que me desafíen de forma intelectual con respeto, que me inspiren desde la admiración y que me retribuyan energía positiva en lugar de absorberla. Busco esas conexiones que amplifican mi perspectiva y me impulsan a crecer.

Una frase que suelo repetir como un recordatorio en el ámbito de las relaciones y el conocimiento es: "Todos conocen, pero pocos saben." Durante mucho tiempo, confundí una cosa con la otra. Me formé con la idea —muy valorada en entornos académicos y profesionales— de que el saber era pura acumulación: más libros leídos, más datos memorizados, más argumentos lógicos. Y es cierto que el conocimiento tiene su valor indiscutible. Pero me tomó años entender que la sabiduría no se acumula, sino que se destila. Aparece en el silencio, en la pausa reflexiva, en la capacidad de no reaccionar de manera inmediata para dar espacio a la comprensión, en la habilidad de observar sin la necesidad imperiosa de controlar.

Hubo una etapa en mi vida en la que quería leerlo todo, debatirlo todo, opinarlo todo. Como si demostrar un vasto conocimiento fuera equivalente a tener la razón o a ser más valioso. Comencé a valorar mucho más la escucha que la palabra propia, más el discernimiento sutil que la opinión estridente. Hoy prefiero, con diferencia, una conversación en la que hay pausas reflexivas, en la que se respira entre ideas y se permite la maduración del pensamiento, a una donde todos compiten por generar un argumento que construya un modelo ganador o imponga una verdad.

Me atrae la compañía de quienes no sienten la necesidad de brillar con luz propia, que no compiten por tener la última palabra, que hablan poco pero con un peso y una sustancia notables. Son personas que han comprendido que el verdadero saber no necesariamente se verbaliza en discursos, sino que se manifiesta en el tono sereno, en la mirada comprensiva, en la forma en que se enfrentan al conflicto con integridad o en la manera en que cuidan y elevan a quienes los rodean. Esa sabiduría me resulta sumamente valiosa y me recuerda que la estridencia, que a veces se confunde de forma errónea con liderazgo o visión de estadista, ha demostrado —una y otra vez en la historia— ser antesala de liderazgos autoritarios y, en última instancia, destructivos.

En el ámbito profesional, la relevancia de la comunicación efectiva con el consumidor requiere formas y fondos dependiendo de cada marca. Lograr una campaña ganadora, sea en medios tradicionales o digitales, es fruto del esfuerzo de equipos creativos con un talento excepcional para cautivar y conquistar. No es una tarea al azar; requiere incorporar *insights* del mercado, del consumidor y de la competencia.

En el ámbito personal, la comunicación asertiva con el núcleo familiar y con la familia extendida se ha convertido en un desafío en la era de las redes sociales. A menudo me entristece notar en restaurantes a personas, incluso a adultos mayores con sus familiares, más concentrados en sus teléfonos móviles que en el regalo de la presencia de sus seres queridos. Vivimos en un mundo donde una porción de la población parece luchar de forma desesperada por los *likes* de sus seguidores, incluso al costo de arriesgar su vida por una selfie peligrosa. Esto ocurre en detrimento de la comunicación personal, la única capaz de construir relaciones sustentables y enriquecedoras de verdad. Para mí, el reto más significativo es no perder la asertividad en la comunicación cara a cara, ya que es en esa interacción donde reside la esencia de los lazos humanos. En palabras de Maya Angelou (1928-2014): "La gente olvidará lo que dijiste, olvidará lo que hiciste, pero nunca olvidará cómo la hiciste sentir."

Entendí también que la verdadera fortaleza para mantener nuestro equilibrio interior no depende de eliminar por completo el ruido externo, sino de desarrollar la habilidad de filtrar con inteligencia lo que permitimos que entre en nuestra esfera personal. Aceptar que no todo requiere nuestra energía. Que no todas las conversaciones necesitan nuestra intervención o nuestra opinión. Que el silencio, lejos de ser un vacío incómodo, puede ser un espacio fértil para la claridad mental, para la intuición y para la reconexión con uno mismo.

El equilibrio no es una constante, por supuesto. Hay días en que me dejo arrastrar por la urgencia, por la crítica, por la inquietud. Pero incluso en esos momentos, trato de volver al centro. A ese lugar interno que no depende de la aprobación ajena, del reconocimiento externo ni de la actividad incesante. Un lugar donde, si uno se escucha con honestidad, puede oír la voz más importante de todas: la de uno mismo, cuando por fin habla con calma.

En esta etapa de mi vida, mi principal objetivo es evitar al máximo las situaciones que me roban la paz interior. Sigo aprendiendo a proteger mi calma, practicando, aunque no necesariamente con éxito, a decir

CAPÍTULO II | CONEXIONES

que "no": no intento ser el héroe en historias ajenas, no discuto con quien ha decidido no entenderme y no siento la necesidad de explicar mi vida más allá de mi círculo familiar. También he aprendido a no buscar la aprobación de los demás y a no fomentar actividades que me sustraen energía. Esta lista se ajusta y evoluciona de manera constante, permitiéndome vivir con mayor serenidad y autenticidad a medida que avanza la vida.

Contextos

Me di cuenta de la importancia vital de construir contextos adecuados para cada intercambio. Estos espacios bien preparados, que requieren de tiempo y de diferentes fuentes de información (no sólo la que nos gusta), tienen el poder de transformar por completo la calidad de nuestras interacciones. Hacerlo no sólo optimiza el uso de los recursos, sino que permite que emerja lo mejor del conocimiento de cada participante, desde un lugar de escucha, respeto y una búsqueda compartida de soluciones. Por ello, valoro la ventaja de los equipos de alto rendimiento heterogéneos que, aunque consumen más energía, en general producen resultados más sostenibles y diferenciados.

La toma de decisiones, tanto personales como profesionales, tiene implicaciones profundas. El sólo hecho de entender que la decisión que se toma hoy tiene un impacto no sólo a corto, sino también a mediano y largo plazo, es crucial. De ahí mi discrepancia con la visión de las bolsas de valores globales que premian o castigan por resultados cortoplacistas, que si bien indican una probable tendencia, no necesariamente confirman un crecimiento rentable sostenido con compromiso de sustentabilidad.

    En este camino, una dimensión en la que me equivoqué con frecuencia —y debo excusarme con todos los *stakeholders*, en especial los accionistas— fue la confianza ciega en lograr, con los equipos y recursos adecuados, el regreso al crecimiento y la rentabilidad de negocios con resultados negativos persistentes a través de varios años. La mayoría de las veces, por no decir casi todas, se fracasó en esas estrategias, al parecer bien sustentadas y analizadas, porque los fundamentos del negocio no eran los correctos. Eso no sólo significó un desperdicio de recursos y un desgaste de las personas en el intento por alcanzar los objetivos, sino también el no colocar esos recursos y talento en aquellos negocios o iniciativas que generarían retornos superiores a los inversionistas. Me tomó años entender que, si la marca con la que participas en el mercado —sin importar el canal, físico o digital— no está entre las dos principales, la posibilidad de lograr un negocio atractivo es casi nula, aunque por supuesto, hay excepciones. Hoy observo con respeto y admiración a sucesores, grandes profesionales y algunos amigos, en funciones que yo había liderado, que tomaron las decisiones correctas de "vender" o "desinvertir" un negocio.

    En retrospectiva, la capacidad de construir y sostener contextos adecuados para el análisis de la situación, la colaboración y la toma de decisiones, incluso en medio de crisis significativas que ponían

CAPÍTULO II | CONEXIONES

en riesgo el patrimonio de los accionistas, la reputación de las marcas y la pérdida de talento humano, fue una de las características que más me ayudó en mi trayectoria profesional. En este periplo por Latinoamérica, tuve la oportunidad de convivir con líderes políticos de la época, pero entendí que estas relaciones, en su mayoría, son de conveniencia y no pueden ser el pilar sobre el cual se lidera una organización comprometida con las buenas prácticas, bajo ninguna circunstancia.

Sucedió en uno de los países donde trabajé que nuestras marcas eran líderes en el sector de alimento para mascotas. En 2003, durante el carnaval, nuestro servicio al cliente empezó a recibir reclamos de veterinarios y dueños que reportaban enfermedades y, en casos extremos, decesos de sus mascotas. Al enterarme, mi primera reacción fue la negación, que me llevó a la inacción por un par de días. Pero una validación interna confirmó que los reactivos que usábamos habían fallado. Entré en una crisis de culpabilidad existencial extrema hasta que me recompuse y, con el equipo adecuado, establecimos una estrategia.

El primer paso fue construir un contexto de transparencia total. A pesar de las advertencias de los abogados internos y externos sobre el alto riesgo de demandas legales, que luego se confirmaron, decidimos aceptar de manera pública que nuestras marcas estaban causando daño y pedir a los dueños que no usaran nuestros productos. Este acto de honestidad, en lugar de ser un suicidio empresarial, nos dio una credibilidad fundamental ante los consumidores.

Mientras tanto, nuestros competidores intentaban manipular los medios y las redes sociales para atacarnos. Fuimos embestidos desde diferentes frentes, incluso aparecieron algunos "amigos" inesperados, ofreciendo intermediar con potenciales extorsionadores, una dolorosa experiencia. Fue en ese momento de profunda crisis que la colaboración interna se volvió vital. Luego de una semana, me pregunté: "¿De dónde viene el maíz?", materia prima común que todos los fabricantes obteníamos de los mismos silos. El equipo, trabajando de manera unida, confirmó que la materia prima y los reactivos provenían de los mismos proveedores para todos los competidores. Esto significaba que, en teoría, todos los productos del mercado, incluyendo los de la competencia, estaban contaminados. Con esa información, en lugar de hacerla pública y destruir la categoría, elegimos informar a nuestros competidores. De inmediato, los ataques a nuestras marcas desaparecieron.

De manera paralela, algunos elementos del gobierno intentaron "negociar" un beneficio a cambio de una compensación monetaria, algo impensable para los valores de la empresa y los míos. El asunto se resolvió yendo directamente a la instancia superior del gobierno e informando con transparencia lo que estaba sucediendo.

El contexto emocional fue igual de importante. Gracias a la contribución de gente clave en la organización, pudimos entender el profundo dolor que significaba para los dueños la pérdida de una mascota.

CAPÍTULO II | CONEXIONES

Innovamos contratando a psicólogos para dar soporte emocional y creamos un consejo independiente de veterinarios para gestionar la restitución de una nueva mascota, mitigando así el dolor y el rencor.

Esta fue una dolorosa experiencia de gran desgaste, pero también de gran aprendizaje. Un año después de la crisis, nuestro negocio recuperó el liderazgo del mercado, por encima de las cifras previas a la crisis. Estudios independientes mostraron que nuestras marcas eran las más queridas y respetadas por los consumidores. La lección más grande fue que, aunque no hay una sola receta para cada crisis, la aceptación del problema, la transparencia, la ética y la capacidad de construir contextos de colaboración y confianza son pilares fundamentales para salir de las tormentas más fuertes.

Aunque el ritmo de la gobernanza ha evolucionado de forma notable en la sociedad y las organizaciones —las cuales hoy tienen la obligación de ser ejemplo con prácticas de sustentabilidad y buenas prácticas globales—, encuentro un desequilibrio en cómo se juzga a las personas. Me resulta difícil juzgar a individuos en el presente por acciones de hace veinte años o más, cuando el marco regulatorio y la forma de actuar eran completamente distintos. El ser humano cambia muy rápido, pero la sincronía para juzgar comportamientos pasados con las normas actuales carece de equidad. Lo mismo aplica a la historia de la humanidad; no podemos evaluarla con nuestra mentalidad vigente. Creo que cada cosa debe ser juzgada en su momento. La desproporcionada reacción en medios, activistas y redes sociales, a menudo bajo la forma de linchamiento, desvía la atención de problemas urgentes como la desigualdad, la desnutrición y el cambio climático. Un claro ejemplo de ajuste de agendas es la encíclica Laudato Si' (2015) del Papa Francisco, una publicación sin precedentes que aborda la crisis climática como un problema moral y social. Al cuestionar el consumismo y la especulación financiera, y conectar la degradación ambiental con la desigualdad, el Papa exhorta a una "conversión ecológica" para proteger nuestra "casa común". Su mensaje no sólo impulsó el debate sobre la sostenibilidad, sino que también fue fundamental para el Acuerdo de París (2016), demostrando que las agendas se ajustan al contexto de sus tiempos para seguir siendo relevantes.

Abrazando la diversidad

Un día estábamos desayunando en casa con Rocío. La mesa estaba servida, el pan recién horneado, el café humeante. Busqué la botella de aceite de oliva, la levanté y dije con absoluta certeza: "Está vacía." Rocío me corrigió, sin levantar la voz: "No está vacía, aún tiene un poco." Nos quedamos mirando la botella, cada uno con su verdad. Lo curioso es que ambos teníamos razón, pero estábamos mirando desde lugares distintos. Esa pequeña escena derivó en una conversación sobre cómo vemos el mundo. Desde entonces, la botella de aceite se convirtió en metáfora doméstica: cuando alguno sentencia algo como definitivo, el otro le recuerda que tal vez aún queda un poco.

CAPÍTULO II | CONEXIONES

Esa anécdota, simple en apariencia, me hizo reflexionar sobre la facilidad con la que emitimos juicios desde nuestras percepciones, sin detenernos a considerar que el otro también está mirando con ojos válidos, aunque distintos. En muchas ocasiones, no es que alguien se equivoque, sino que está observando desde otro ángulo, desde otra historia, desde otra sensibilidad. Y ese principio de tener distintas perspectivas, que en casa ha cultivado más respeto y paciencia, también lo viví con intensidad en mi vida profesional.

Durante mi trayectoria profesional, lideré equipos compuestos por personas de múltiples culturas, lenguas, edades y formas de pensar, la mayoría con logros académicos superiores a los míos. Al principio, esa diversidad representaba para mí un reto: ¿cómo lograr eficiencia en medio de tantas diferencias? Pero luego entendí que lo que yo veía como un desafío era, en realidad, una de las mayores riquezas que podía tener un equipo. La variedad de perspectivas —cuando se gestiona con apertura— multiplica la creatividad, permite tomar decisiones más informadas y fortalece la resiliencia colectiva. Si bien los equipos homogéneos suelen facilitar la alineación estratégica y la ejecución fluida, he comprobado que los equipos diversos, aunque más desafiantes de coordinar, generan tensiones productivas que pueden dar lugar a ideas innovadoras con alto potencial de impacto en el mercado.

Recuerdo una ocasión en la que trabajábamos en el diseño de una estrategia regional para América Latina. Yo tenía una visión clara de hacia dónde debíamos ir, basada en cifras y análisis detallados. Pero una colega brasileña, con quien solíamos tener diferencias de opinión, planteó una objeción desde un ángulo cultural que yo no había considerado. Su visión, más intuitiva y menos técnica, resultó ser crucial para adaptar el enfoque a la realidad del mercado. En lugar de confrontar, optamos por complementar. Ese momento me enseñó que ceder no es perder, y que la diferencia bien manejada puede llevar a soluciones más sólidas y sostenibles.

En otro caso, durante una sesión de liderazgo en Suiza, un joven analista compartió una idea radicalmente distinta a la línea estratégica tradicional. Al principio, mi impulso fue descartar su propuesta como inexperta. Pero algo me detuvo: recordé lo que se siente no ser escuchado. Le pedí que la desarrollara más. Su propuesta no fue adoptada tal como estaba, pero inspiró una solución intermedia que terminó mejorando el resultado final. Agradecí haber suspendido mi juicio. Agradecí haber escuchado.

La diversidad, entendida en su sentido más amplio —cultural, generacional, de pensamiento, de género— no es sólo un imperativo moral o un gesto de inclusión. Es también buena para los negocios. Equipos diversos toman mejores decisiones porque ven los problemas desde múltiples ángulos. No se trata de sumar diferencias sólo para cumplir una cuota, sino de crear entornos donde esas diferencias puedan dialogar, aportar y transformar. Y eso requiere humildad, apertura y una voluntad de aprender del otro.

En lo personal, abrazar la diversidad me tomó décadas, pero me ha permitido crecer. Me enseñó a

CAPÍTULO II | CONEXIONES

reconocer mis sesgos, a soltar la necesidad de tener la razón, a encontrar valor en lo distinto a mí. No resulta cómodo en cada ocasión. Lo diferente puede incomodar, desafiar nuestras certezas, sacarnos del eje. Pero si uno logra mantenerse curioso en lugar de defensivo, puede descubrir en ese encuentro una oportunidad de transformación mutua.

Hoy, cada vez que caigo en la tentación de clasificar algo como "así es", escucho en mi interior la voz de Rocío: "No está vacía, aún tiene un poco." Y entonces respiro, me detengo, y trato de mirar de nuevo. Porque si hay algo que he interiorizado es que la verdad, como el aceite en aquella botella, a veces no está donde uno cree. Y que abrazar la diversidad no es relativizar todo, sino abrir espacio para que muchas verdades convivan sin necesidad de anularse.

He llegado a comprender que las relaciones humanas —con los demás y con uno mismo— son una de las dimensiones más determinantes del bienestar. No existe plenitud sin lazos nutritivos, sin espacios de escucha auténtica, sin el valor de la empatía. Al mismo tiempo, no es posible construir relaciones saludables si no existe un trabajo interior, una intención consciente de conocerse, de ajustarse, de crecer.

Para vivir con mayor serenidad no basta con rodearse de buenas personas: también es necesario desarrollar filtros internos que nos ayuden a discernir lo que nos suma y lo que nos resta. Aprender a decir que no de manera respetuosa, a tomar distancia cuando es necesario, a reconocer nuestras emociones antes de proyectarlas hacia fuera. En esa búsqueda de equilibrio interior, el miedo y la diversidad se revelan no como obstáculos, sino como maestros: nos confrontan, nos moldean, y finalmente nos transforman si estamos dispuestos a escucharlos con honestidad.

§

Mirando hacia atrás, veo que cada vínculo fue una escuela: los amigos entrañables que me dieron alegría y compañía, los encuentros breves que dejaron huellas inesperadas, las conversaciones que me retaron y las despedidas que me dolieron. Aprendí que la riqueza más grande no se mide en bienes ni títulos, sino en la calidad de las conexiones que nos sostienen en la incertidumbre y celebran con nosotros la plenitud.

Sin embargo, comprender el valor de estas conexiones me llevó inevitablemente a preguntarme de dónde surgió en mí esa necesidad de pertenencia, de acompañamiento y de reconocimiento.

Las respuestas me conducen a los orígenes: a la familia, a las maestras y los maestros que marcaron mi camino, a la tensión entre estructura y libertad que me acompañó desde niño. En el siguiente capítulo exploro esas raíces, con sus privilegios y culpas... y cómo ellas siguen influyendo en quién soy hoy.

Capítulo III

ORÍGENES

*"Las raíces no se ven,
pero sostienen todo lo que somos."*

— P<small>ROVERBIO AFRICANO</small>

CAPÍTULO III | ORÍGENES

La vida es un viaje, un ciclo continuo de crecimiento y transformación que comienza, de forma inevitable, en los años de la infancia. En ese período, aparentemente simple y despreocupado, se siembran las primeras semillas de quienes seremos. Mi historia no es la excepción: desde muy temprano, las experiencias familiares, escolares y emocionales comenzaron a trazar los contornos de mi carácter y a despertar en mí una curiosidad que desde entonces me ha acompañado.

Este capítulo explora los cimientos de mi viaje, desde la infancia hasta la juventud, momentos cruciales que moldearon y siguen moldeando mi visión del mundo y sentaron las bases para las reflexiones que comparto en este escrito. Aquí encontraremos las primeras semillas de mi curiosidad, mis valores fundamentales y las experiencias que me impulsaron a buscar un propósito y significado en cada etapa de la vida.

La familia como base

Nací el 10 de mayo de 1958 en una familia ladina tradicional guatemalteca. Mi padre, militar de carrera, y mi madre, ama de casa y exitosa emprendedora, así como católica devota, representaban dos pilares muy distintos pero complementarios en mi formación. Desde pequeño sentí el contraste entre la rigidez de la disciplina castrense y la calidez espiritual de mi madre. Recuerdo su devoción al rosario, las posadas, la misa dominical. Él, por otro lado, era un hombre exigente, con la "mecha corta", que imponía respeto —y a veces miedo—, pero también valores claros de orden, puntualidad y responsabilidad, además de una creatividad y simpatía sin par en la familia.

Mi relación con ellos fue compleja y entrañable. De mi madre heredé la capacidad de consolar, la noción de que todo dolor es pasajero si se acompaña con amor. De mi padre, la conciencia del deber, la lealtad, la disciplina, la importancia del trabajo bien hecho y la necesidad de mantener la palabra. Entre los dos formaban una especie de eje contradictorio pero armonioso, como si cada uno aportara los ingredientes necesarios para que yo aprendiera a ser firme sin rudeza innecesaria y sensible sin dejar de ser práctico.

En mi infancia hubo momentos de mucha alegría y otros de confusión o temor. Uno de los más traumáticos

CAPÍTULO III | ORÍGENES

fue el cateo militar a nuestra casa en plena dictadura militar antes de 1966. Buscaban armas o material subversivo y, aunque no entendía bien lo que pasaba, yo sentía el peso del miedo en el ambiente. Tiempo después, supe que a mi padre lo habían encarcelado como preso político tras el golpe a Jacobo Árbenz durante casi dos años.

Árbenz, presidente electo de Guatemala, estuvo en el poder del 15 de marzo de 1951 al 27 de junio de 1954, sucediendo al también reformista Juan José Arévalo Bermejo. Antes de asumir la presidencia, Árbenz había sido ministro de la Defensa de Arévalo y, como mi padre, se había graduado de la Escuela Politécnica, la principal institución de formación militar del país. Imagino que fue por esa afinidad, más que por cuestiones ideológicas, que Árbenz lo eligió parte de su equipo. Mi padre fue un hombre pragmático, quizá de centro derecha, pero ante todo, leal a sus convicciones y a su país.

Cuando el coronel Carlos Castillo Armas —apoyado y financiado por la CIA, según documentos desclasificados— derrocó a Árbenz, buena parte del gabinete y del Congreso optó por el exilio. Mi padre no lo hizo. Decía con firmeza que no debía nada y por eso se quedó. Su rol en ese gobierno había sido técnico: comenzó como Oficial Mayor en el Ministerio de Comunicaciones y Obras Públicas y fungió durante un tiempo breve como Viceministro. No fue comunista —como él decía, tenía de comunista lo que yo tengo de obispo—, pero la política no es necesariamente justa, y su integridad le costó la libertad por un tiempo. Lo admiré por eso, incluso antes de entenderlo del todo. Mis padres tuvieron tres hijos: Vicente, el mayor; Luis Pedro, el de en medio; y yo, el menor. Nacido casi once años después de Luis Pedro y trece después de Vicente, no había forma de competir con ellos en las actividades cotidianas debido a la diferencia de edad. Por eso, me convertí en el hermano menor al que consentían. Me llevaban a pasear con sus amigos y amigas, lo cual recuerdo como algo muy divertido. Esta etapa no duró demasiado, ya que ambos hicieron buena parte de sus estudios en Estados Unidos. Ambos eran muy fluidos en inglés y trajeron ideas modernas a la tradicional Guatemala de aquella época. Me siento profundamente orgulloso de ambos. Vicente fue un piloto exitoso que, cuando falleció en 1975, dejó a dos niños pequeños con los que he construido una sólida relación hasta el día de hoy, al igual que con su viuda. Por su parte, Luis Pedro se convirtió en un profesional del ramo de seguros, respetado y admirado en Latinoamérica por los roles de liderazgo que desempeñó en eventos de impacto global, como los terremotos de Nicaragua, Brasil y Guatemala, accidentes de aviones y daños mayores en activos de gran envergadura. Él es un profesional exitoso, ya semiretirado y viudo desde hace unos siete años de Leticia; una persona extraordinaria, madre y esposa ejemplar, destacada por sus habilidades manuales, su talento culinario y su espíritu emprendedor. Luis Pedro tuvo cuatro hijos, con quienes tengo una relación muy estrecha. Continuamos siendo, sin ser una familia perfecta, una familia muy unida y solidaria. Soy un privilegiado: observé y aprendí de los buenos ejemplos de vida que me dieron mis dos hermanos.

Un maestro inesperado

Una figura entrañable en esos años fue Margarito, un zapatero que vivía en nuestra casa —como se decía en la época, "como hijo de familia"— y trabajaba con mi abuelo materno, quien tenía un negocio de reparación de zapatos en la zona 1 de Ciudad de Guatemala llamado "El hospital de Calzado". Margarito tenía una pierna débil por polio y una cojera pronunciada, pero una fortaleza de espíritu inquebrantable. Fue él quien me enseñó a jugar fútbol, a montar bicicleta y, de manera sorprendente, a leer antes de entrar al colegio. Su método era tan rústico como efectivo: me recitaba palabras, me pedía que las repitiera y luego me mostraba cómo se escribían. Margarito tenía apenas educación básica, pero una sabiduría práctica que no he vuelto a encontrar con tal solidez, en ningún profesor. Cuando comencé a usar el transporte público para ir a la escuela, Margarito me seguía en bicicleta para asegurarse de que llegara bien a mi destino.

Más tarde, su vida tomó un rumbo oscuro. Fue acusado de homicidio tras una pelea en un bar y estuvo preso durante años en la cárcel de Pavón. Mi madre y yo lo visitamos algunas veces. Esas visitas me dejaron una enorme marca. El contraste entre el cariño que yo sentía por él y la dureza del entorno carcelario me abrió los ojos a la complejidad de la vida, a la fragilidad de las decisiones, y a la importancia de mirar a las personas más allá de sus errores. Fue en esas visitas donde, por primera vez, tuve serias dudas sobre la credibilidad y la equidad del sistema judicial, al menos en el caso específico de Margarito. Con la evolución de los años, y a medida que mi cerebro maduraba sobre mis emociones, esa percepción idealizada de la equidad fue cambiando. Pasé de la fe ciega en el funcionamiento legal de los países llamados "desarrollados" a un escepticismo creciente sobre el esquema global de aplicación de la justicia, sin importar si un país se etiqueta como desarrollado o no. Además, he aprendido que es vital ponerse en los zapatos de otros, quienes tienen perspectivas distintas de lo que es justo, influenciadas por su religión, sus valores, su sistema de gobierno, y sus experiencias. No hay blancos y negros absolutos en la aplicación de las normas a nivel global; es fundamentalmente una cuestión de perspectiva y de poder. Por desgracia, el poderoso, el influyente, el millonario, es casi inmune (por lo general y salvo raras excepciones) a cualquier proceso de rendición de cuentas. Este tema, descorazonador en el mundo actual, refuerza la necesidad de la prudencia. Así que, como dicen en Colombia, lo mejor es "no dar papaya" y, en cualquier país donde se viva o se visite, respetar de manera escrupulosa las leyes y las costumbres locales, así como las de nuestro lugar de nacimiento y crianza.

    A pesar de la desilusión con el sistema, a Margarito lo seguí recordando con el mismo afecto y agradecimiento. Junto con mi familia, le apoyamos hasta el final de sus días, manteniendo vivo ese vínculo que se había forjado en la inocencia de la niñez y que la tragedia no pudo romper.

Amor y respeto

A medida que fui creciendo, la noción de familia adquirió una profundidad distinta. Ya no se trataba sólo del entorno que me había criado, sino de una red que, aunque imperfecta, daba sentido a todo. La familia pasó de ser un concepto dado por hecho a convertirse en una elección cotidiana: la de estar presente, cuidar, sostener y ser sostenido. Con los años he comprendido que la familia es nuestra raíz y nuestra sombra. Nos sostiene en los momentos de tormenta y nos permite crecer con estabilidad. Pero también, como en cualquier árbol, cada rama tiene su dirección, busca su luz —una verdad que mi instinto de control tardó años en aceptar con serenidad.

La vida nos enfrenta a vientos fuertes, a veces inesperados. Algunos los enfrentan con rigidez, como los árboles robustos que, al no ceder, pueden quebrarse. Otros, como las palmeras, se inclinan con el viento, adaptándose sin perder su esencia. He tenido que aprender, una y otra vez, a ser como la palmera: flexible ante las circunstancias, sin perder mis raíces ni mis valores, ni mi firmeza ante diversas situaciones.

Un recuerdo claro de esto fue la etapa en que mi padre dejó el ejército. Las razones fueron complejas, una mezcla intrincada de convicciones políticas y personales. De pronto, nuestra situación económica se transformó drásticamente. Mis dos hermanos mayores, quienes estudiaban en colegios de prestigio de la época, se vieron obligados a cambiarse a una escuela pública ante la imposibilidad económica de mis padres de seguir cubriendo esas colegiaturas. Los privilegios, a los que quizá nos habíamos habituado, desaparecieron de un día para otro. Pero en medio de esa incertidumbre, mi madre, con una fortaleza que parecía inquebrantable, decidió emprender. Abrió una pequeña zapatería en la terminal de transporte popular más grande del país en la época: la llamó Zapatería La Española. Contra todo pronóstico, fue un gran éxito. Tanto, que con las ganancias logró financiar la educación de mis hermanos en Estados Unidos. Mi hermano Vicente estudió en Nueva Orleans y Luis Pedro en Oklahoma.

Con los años, la familia fue tomando nuevas formas. Me casé con Rocío, mi compañera de vida y aliada incondicional... y juntos construimos un hogar basado en la confianza, el diálogo y el amor compartido. Rocío viene de una familia numerosa y unida: doce hermanos —seis mujeres y seis hombres—, siendo ella la novena. Una familia sólida, generosa y muy católica, que ha sabido mantenerse unida y solidaria sin importar las circunstancias. Mis suegros, distintos entre sí, pero complementarios, me recibieron con calidez y facilitaron mi integración desde el inicio.

La relación de pareja, como una montaña rusa, tiene sus altos y bajos, sus aciertos y —sobre todo de mi parte— sus equivocaciones. Su presencia me ancló. Me mostró otra forma de ver las cosas, más tranquila, más intuitiva. Con ella aprendí que no todo necesita ser resuelto con lógica o con fuerza. A veces, basta con escuchar, con estar, con acompañar. Algunos de los valores y principios que no tenía del todo consolidados, los aprendí de ella, que contaba con una base firme, construida desde adentro, con claridad y convicción. Sin embargo, no siempre fue un camino sin fricciones. Cuando las visiones, por ejemplo, en la educación de los hijos no coincidían, podían generar tensiones relevantes. Lo mismo ocurría con cuestiones aparentemente tan triviales como decidir con qué familia celebrar las festividades navideñas. Estas situaciones demandaban respeto, escucha y tolerancia, una madurez que, a veces, incluso con los años, es difícil de alcanzar. Temas esenciales como los valores fundamentales, las perspectivas de vida y la visión del futuro como pareja deben intentarse abordar, dialogar y conciliar antes de entrar a una relación de largo plazo, pues son los cimientos sobre los que se construye la armonía.

La llegada de nuestros hijos trajo una nueva dimensión al concepto de amor. El miedo también. Uno aprende a amar distinto cuando tiene algo que perder. Recuerdo las noches en vela, las preocupaciones por su salud, por su educación, por su futuro. Pero también recuerdo los cumpleaños con piñata, los viajes con cantos desafinados en el automóvil, los abrazos espontáneos que te salvan el día. Con ellos, el tiempo empezó a medirse de otra manera: en risas, en silencios compartidos, en las historias antes de dormir. A veces extraño con ternura los apretones de brazos y besos de la niñez, esa candidez irrepetible que no supe aprovechar del todo. Tal vez porque no entendí que era fugaz.

Cada persona viene "cableada" de manera única y diferente, algo que la ciencia ha confirmado y que a mí me costó años entender, en particular con mis hijos. Me tomó tiempo asimilar que ellos tomarían su propio rumbo, en todos los sentidos, para evolucionar en su dirección y no en la que yo deseaba. Entendí que lo único que quizá podría influenciar era una base de valores y principios, sin invadir sus creencias, incluso en temas religiosos donde las perspectivas son tan diversas. Este divorcio entre mis expectativas y la manera en que mis hijos crecieron me llevó a cometer varios errores. Mi emocionalidad elevada me hizo reaccionar de forma irracional en algunas ocasiones, soltando comentarios que para ellos resultaron inaceptables y disonantes por completo. Eran el fruto de mi frustración, una frustración que era sólo mía y una profunda necedad de mi parte. Aunque jamás les puse una mano encima, la intensidad de mi enojo fue tal que a veces tuve que contenerme. Presioné de manera desproporcionada para exigir, equivocadamente, objetivos —desde su formación académica hasta sus habilidades deportivas— que ni siquiera yo había logrado. Vaya incoherencia la mía.

Durante mi existencia, la principal y más esencial bendición fue la llegada de mis hijos: mi primogénito en 1985, en Guatemala, y mi hija menor en 1988, en Panamá. Hoy son dos adultos de los que me siento profundamente orgulloso. He fallado en muchas cosas con ellos y les ofrezco disculpas por ello, pero lo que más lamento es no haberles expresado con mayor frecuencia mi amor y respeto.

Como en casi todas las familias, mi relación con ellos ha evolucionado desde su nacimiento. He vivido todas las facetas, muchas alegrías y también algunos desencuentros. Hoy me siento satisfecho y, sobre todo, orgulloso de ellos, no sólo en lo profesional sino en lo personal: ambos son seres humanos de bien y solidarios. Fui padre a los 27 años, en la machista sociedad guatemalteca, donde las tareas del cuidado de los niños estaban a cargo de personal de servicio, algo que pude costear gracias a la situación económica que Rocío y yo teníamos. Sin embargo, cuando nos mudamos a Suiza en 1988, nuestra situación cambió. Tuve que "arremangarme las mangas" para apoyar en las tareas del hogar, algo impensable en la clase media de nuestra cultura. Este cambio me enseñó a ser más solidario y a estar más cerca de mi familia, forjando una unidad que se fortaleció en la distancia de nuestros orígenes.

El hecho de vivir en tantos países, si bien pudo desarraigar a mis hijos de sus raíces guatemaltecas, les abrió los ojos a un mundo más amplio y diverso. Por ello, Rocío y yo elegimos la educación francesa, ya que tenía un programa educativo global que se respetaba a rajatabla y que nos permitía trasladarnos de país en cualquier momento. Me tomé en serio el desafío de llevarlos a viajar desde pequeños y hoy tengo gratos recuerdos de esos viajes por Europa, América, África y Asia, donde conocieron culturas milenarias. Me siento satisfecho de haber cumplido, junto a Rocío, con nuestro rol de proveedores en lo económico, emocional y en el ejemplo. Mi deseo es que vivan muchos años llenos de salud, paz y bienestar, y que el patrimonio que construimos, no sólo económico, sino familiar y cultural, les dé la tranquilidad de saber que no tendrán que enfocarse personalmente en cuidarnos si llega ese momento.

Más allá de sus notables logros personales y profesionales, el principal éxito de ambos, que son tan distintos de manera física e intelectual, es que son gente de bien y la humanidad necesita cada vez más de este tipo de perfiles. Mi hijo se casó con una norteamericana de grandes cualidades y mis dos nietos son hasta ahora el fruto de esta unión y la razón esencial por la que decidí escribir este texto. Mi hija, quien vive con su pareja en la Ciudad de México, es el pilar de muchas cosas en nuestra familia y de este escrito en particular. Disfruta del mundo editorial y de participar en proyectos que ayudan al desarrollo de las mujeres, todo un desafío en Latinoamérica ante nuestra mentalidad machista. Estoy agradecido con la vida por haberme dado el premio de tener dos hijos excepcionales a quienes amo y respeto de forma genuina. Deseo que su vida sea fructífera y que cada uno de sus altibajos les enseñe a crecer. Que ese crecimiento, sea cual sea su forma, no sólo los beneficie a ellos, sino que también inspire y fortalezca a sus entornos.

Al hacernos adultos, es natural que desarrollemos ciertos anticuerpos emocionales, defensas que buscan protegernos del dolor. En ese mismo proceso, corremos el riesgo de volvernos menos permeables a la

CAPÍTULO III | ORÍGENES

ternura. Y esto, a veces, genera una paradoja dolorosa: nos impide disfrutar plenamente de esos momentos valiosos de contacto sincero con los seres queridos, de una manera más profunda de lo que nos atreveríamos a admitir.

Más adelante, la llegada de los nietos terminó de completar el círculo. Me reconciliaron con el juego, con la ternura sin condición, con la posibilidad de transmitir sin imponer. A ellos les debo algunas de las reflexiones más potentes de estos años. Me han hecho pensar en el legado, no sólo como una herencia material, sino como una manera de estar presente incluso cuando ya no estemos. Estas relaciones familiares, junto con mis experiencias personales y profesionales, han tejido la trama de mi historia. Me han moldeado, me han retado y, sobre todo, me han enseñado que lo verdaderamente valioso rara vez se puede medir. La familia no es perfecta. Pero es el lugar donde uno aprende a amar, a perdonar y ser perdonado.

Privilegios tempranos y culpas silenciosas

Mi niñez fue feliz en muchos sentidos. Fui un niño consentido, criado en un entorno donde el cariño se daba por sentado, pero no por eso era menos valioso. Tenía libertad para hacer casi todo lo que quisiera, con una condición no negociable: sacar buenas calificaciones en la escuela. Y lo hacía. Las cumplía, quizá por un sentido de responsabilidad temprana, o tal vez porque entendía, aunque vagamente, que ese era mi boleto para seguir disfrutando de aquella libertad.

Jugaba fútbol en la calle con una pelota medio desinflada que para mí era un tesoro. Recorría los límites del barrio en mi bicicleta, como si se tratara de tierras inexploradas. Inventábamos historias, construíamos fortalezas con ramas y piedras, y regresábamos a casa sucios pero radiantes. Mi mundo era pequeño, pero estaba lleno de descubrimientos.

En este universo infantil y, de hecho, a lo largo de toda mi juventud, el amor por los animales fue una constante, una parte integral de nuestro día a día. Mi madre, en particular, los adoraba y los trataba con una ternura inmensa, una que nos enseñaba a valorar la vida en todas sus formas. Crecí rodeado no sólo de perros y gatos, sino también de pericos y otras aves que alegraban la casa con sus cantos, y todos ellos, cada uno a su manera, ofrecían compañía, protección, incluso cumplían roles esenciales en la vida de la granja donde pasé gran parte de mi juventud.

Tenía quizá cinco o seis años cuando mi madre me obsequió a Putsy, un pequeño cocker spaniel negro que yo adoraba. Era mi sombra, mi cómplice de juegos. Un día, al regresar de la escuela, Putsy ya no estaba. Desapareció. La tristeza me abrumó; lloré de forma desconsolada durante días. Mi madre, con una compasión que hoy entiendo, me contó la versión piadosa: se había extraviado, pero estaba bien. Yo le creí, o quise creerle, pero esa pena por su ausencia me acompañó por mucho tiempo. Fue mi primera lección sobre la impermanencia y el dolor de la pérdida, incluso cuando la verdad se suaviza. Después apareció Sultán, un imponente pastor belga, grande y de un negro intenso y

CAPÍTULO III | ORÍGENES

brilloso, cuya llegada a casa no recuerdo bien, como si siempre hubiera estado allí. Sultán fue mi compañero fiel durante años, mucho más que una mascota: un auténtico guardián que me protegía sin dudar. Su mera presencia me daba una sensación de seguridad inquebrantable, en especial cuando exploraba los alrededores de la casa. Su muerte, por vejez, marcó el final de una era en mi adolescencia. Unos amigos del colegio, con quienes aún conservo el vínculo, me obsequiaron una perra criolla, mezcla de pointer y callejera. La llamamos Laika, en honor a la primera perra rusa en el espacio. De talla mediana, blanca con algunas manchas marrones, Laika era inteligentísima y una cazadora excepcional, herencia de su lado pointer. Me acompañó en innumerables caminatas por la granja y sus alrededores durante mis años de adolescencia. La veía regresar en invierno, a veces cubierta de lodo de pies a cabeza, y me maravillaba su tenacidad y su alegría inagotable.

Sería imposible hablar de la granja sin mencionar al Thriller, un caballo alazán que nació el mismo día que mi hijo mayor a mediados de los ochenta. Le pusimos ese nombre por la canción de Michael Jackson que estaba de moda en aquel entonces. Thriller fue un ejemplar un tanto criollo que vivió a sus anchas durante casi treinta años. Su vida fue un gran ejemplo de supervivencia, pues los cuidados que se le daban eran casi nulos, y sin embargo, fue un caballo robusto y saludable, una presencia constante que reflejaba la fortaleza de la vida rural.

Muchos años después, cuando mi madre ya era mayor, su cariño por los animales se mantuvo intacto.

Fue Cachito, un perro que llegó y se "regaló" a su casa, quien se convirtió en su compañero incondicional, brindándole consuelo y alegría en sus últimos años, recordándonos que el amor animal tiene una forma muy particular de sanar y de acompañar.

A pesar de esa niñez aparentemente idílica y los privilegios que la acompañaron, esa misma libertad, combinada con la inmadurez propia de la edad y la tendencia natural a la comparación, también me llevó a cometer errores, a decir palabras que no debieron ser. Uno de los más duros, que aún pesa en mi memoria, fue un reclamo que hice a mis padres. Les recriminé con enojo no haberme mandado a estudiar a Estados Unidos, como sí hicieron con mis hermanos, gracias al éxito de la zapatería La Española. Lo hice sin medir el peso de mis palabras, sin detenerme a pensar en el esfuerzo cotidiano que hacían para mantenernos, sin entender que sus decisiones no venían de un lugar de injusticia, sino de una realidad económica ineluctable. No tenían los recursos para apoyarme y yo no tuve la madurez ni la inteligencia para entenderlo.

Recuerdo cómo me respondieron. No hubo gritos ni explicaciones. Sólo un silencio denso, cargado de resignación y tristeza. Con los años entendí que ese silencio decía más que cualquier sermón, decía: "Hicimos lo mejor que pudimos." Comprendí, ya como adulto, que no fue por falta de amor o interés, sino por una imposibilidad material. Ellos habían dado todo lo que tenían, incluso más, y aun así yo los había herido sin necesidad con mi reclamo.

CAPÍTULO III | ORÍGENES

No pedí disculpas. No tuve el valor. La vida, en muchas ocasiones, no ofrece segundas oportunidades para enmendar las heridas que causamos a quienes más nos aman. Hoy, al recordarlo, no lo hago con culpa paralizante, sino con la humildad de quien reconoce sus errores. Ese momento fue, sin saberlo, una lección temprana sobre el poder de las palabras y la fortaleza de la gratitud.

Fue durante una de las crisis financieras que tuvimos en mi niñez que la providencia jugó un papel decisivo. Ante el temor de no poder costear mi educación superior, mi padre, que ya trabajaba como vendedor de seguros, compró una póliza para mis estudios universitarios. Yo debía tener unos 11 o 12 años. El atractivo del seguro era que, si los pagos estaban al día, se entraba a un sorteo mensual cuyo premio era de 10,000 dólares. Para la época, un monto significativo, con un tipo de cambio de 1 a 1 con el quetzal guatemalteco. De manera sorprendente, al tercer mes, fui el ganador. Fue una bendición, ya que parte del patrimonio familiar estaba hipotecado con el Banco Crédito Hipotecario Nacional y corría el riesgo de ser rematado. Con el premio, se pagó el monto que se debía. Fue un evento coyuntural. Con los años, la póliza se suspendió, y yo pagué toda mi carrera universitaria gracias a que trabajaba en paralelo. Tenía la energía y la ambición para hacerlo.

Con el correr de los años, cuando empecé a ganarme la vida por mí, fui entendiendo el verdadero valor de las cosas y la dificultad para obtener mis deseos "por arte de magia". Descubrí que la plata no cae del cielo; hay que ganársela, de manera honrada y trabajando duro. Me tomó cerca de quince años más entender el concepto del ahorro. Durante mis primeros años de trabajo, en aquel primer empleo en un banco guatemalteco, me gastaba todo el salario en cosas que, en su mayoría, eran superfluas e innecesarias.

Ese patrón se interrumpió con una pausa inesperada. Cuando mi sobrina (hija mayor de mi hermano Vicente) requirió frenos de ortodoncia, me comprometí a pagar el tratamiento. Durante dieciocho meses, más del 70% de mi salario se destinó a saldar esa deuda. Aquello fue un compromiso ineludible. Pero, una vez saldada, volví a caer en el patrón de gastar sin orden ni presupuesto. Fue un gran error. Mucho tiempo después, un formidable amigo suizo, que era mi jefe en aquel entonces, me sensibilizó de forma contundente sobre la importancia vital del ahorro. Esa fue una gran lección que hasta ahora intento seguir practicando con disciplina: no debemos gastar más de lo que recibimos. Parece obvio, sí, pero no lo es en la práctica diaria. De hecho, el primer compromiso del mes en mi presupuesto actual está dedicado exclusivamente al ahorro.

Confieso que tengo dificultades para entender a algunas generaciones en cuanto a sus prioridades de vida. En mi época, tener auto y casa propia eran parte de la lista de metas para casi cualquiera; el plan de jubilación era una prioridad. Hoy, en varias generaciones, el orden de prioridades ha cambiado y, aunque no coincido, eso no las hace menos respetables, productivas e innovadoras. Trato de evitar el comentario

CAPÍTULO III | ORÍGENES

de que todo tiempo pasado fue mejor, aunque tengo, con frecuencia, la tentación de hacerlo, porque cada momento de la historia es resultado de su contexto y sus circunstancias. Al final, me permito aseverar que somos el resultado de nuestras acciones, sin importar la generación.

Me cuesta armonizar con la perspectiva ideológica que se popularizó en la década de los noventa y que, por desgracia, aún persiste: la idea de que "el pobre es pobre porque quiere". Mi punto de vista hoy es que una proporción mayoritaria de las personas en situación de pobreza lo son por una serie de factores estructurales, desde la educación y la alimentación hasta el ambiente cultural. Es un coctel de condiciones que les pone la pendiente de la vida en una inclinación que muy pocos de ese grupo logran superar. De ahí mi admiración y respeto especial por aquellos que, viniendo de esas circunstancias, lograron sobresalir en cualquier ámbito, por esfuerzo, talento o disciplina. Los que crecimos en una clase media o superior, tuvimos un camino menos empinado. No digo que fuera fácil, pero sí que la pendiente era menos inclinada.

Crecí en un hogar donde no sobraba nada, pero tampoco faltaba lo esencial. Aprendí que el privilegio no es necesariamente evidente; a veces está disfrazado de cosas simples: una comida caliente, una cama segura, el abrazo de una madre, el consejo silencioso de un padre que no sabía cómo expresar con palabras lo que sentía. Hoy, cada vez que me descubro esperando algo más, me esfuerzo por recordar a ese niño que corría feliz detrás de una pelota vieja, sin saber que ya lo tenía todo. Mi necesidad de entender el mundo más allá de lo evidente me llevó también a cuestionar los entornos que me formaban, las normas, los límites. Así comenzó una etapa marcada por contrastes, tanto en lo académico como en lo existencial.

Entre estructura y libertad

Estudié en un colegio de varones, elitista en su momento, pero accesible para nuestra situación económica. A pesar de no ser de los alumnos más acaudalados y con mi inseguridad de la época, me desenvolvía con razonable soltura. Era un entorno de disciplina rigurosa y formación académica sólida, donde la puntualidad y el respeto a la autoridad eran parte del día a día. También era un entorno donde, sin necesidad de decirlo en voz alta, las diferencias sociales se hacían sentir con fuerza. La formación respondía al estilo de la época: muchas tareas de memoria, reglas de ortografía, fechas históricas. Muy poco inglés, ninguna otra lengua extranjera, y una enseñanza limitada en cuanto a pensamiento crítico. Pero de manera paradójica, ahí empecé a desarrollar empatía.

Algunos de mis compañeros llegaban con choferes, hablaban de viajes a Europa como si fueran excursiones escolares, y sus conversaciones estaban salpicadas de referencias que, para mí, sonaban a otro idioma. No me sentía menos, pero sí distinto. Esa diferencia me incomodaba a veces, pero también me empujaba a observar, a entender, a mirar más allá de la apariencia. Empecé a desarrollar una sensibilidad especial por

CAPÍTULO III | ORÍGENES

las desigualdades, una conciencia que me ha acompañado desde entonces. Recuerdo una ocasión en la que uno de mis compañeros comentó, con total naturalidad, que sus padres no permitían que "el servicio" comiera en la misma mesa donde comían los patrones. Esa frase me marcó. No por su dureza, sino por la normalidad con la que la dijo. Entendí que no todos los entornos fomentaban la empatía, y que mi hogar —aunque con menos recursos— estaba lleno de enseñanzas más humanas. Esa sensación de pertenecer y no pertenecer al mismo tiempo me hizo, sin saberlo, más empático y curioso sobre las realidades ajenas.

Esa inquietud sobre lo que es justo o no desde mi limitada y cuestionable perspectiva, sobre cómo se estructura la convivencia social, encontró también un eco en mi paso por instituciones religiosas. Allí recibí una formación moral exigente, basada en valores tradicionales y en una espiritualidad que buscaba ir más allá de las apariencias. Aunque no coincidía con todos sus postulados, valoro la ética con la que nos invitaban a vivir. Fue un período de muchas preguntas, de reflexión, y no con respuestas fáciles. Pero incluso en la duda encontré una forma de crecer.

Más adelante, cuando ingresé a la Escuela Politécnica con la ilusión de servir a mi país —y también por una fascinación heredada de la carrera militar de mi padre—, me enfrenté a otra estructura rígida. Aprendí allí sobre jerarquía, honor y rigor, virtudes que sigo valorando. Pronto confirmé que no era el camino para mí. La vida militar me resultaba asfixiante: no había espacio para la duda, para la creatividad, para esa parte mía que quería entender el porqué de las cosas, no sólo el cómo. Una lesión en las vértebras lumbares, sufrida a los 15 años, terminó por darme la justificación médica que necesitaba para dejar atrás ese sueño militar que, en el fondo, ya sentía ajeno. Esa etapa me ayudó a afinar mi brújula. Descubrí que necesitaba un camino donde pudiera combinar pensamiento y acción, estructura y libertad. Y aunque fue breve, fue clave para entender que el crecimiento también implica saber decir "esto no es para mí".

Esa búsqueda de equilibrio —entre la estructura y la libertad, entre la obediencia y el pensamiento crítico— continuó en la universidad. Entré a estudiar Ingeniería Química en la Universidad de San Carlos en 1976. Acostumbrado a la disciplina férrea del colegio, donde se pasaba lista todos los días y destacaba por mis buenas calificaciones, me encontré con un ambiente de total libertad que, en ese momento, no supe gestionar. Aprobé todos los cursos esos dos años, sí, pero mi rendimiento académico era cada vez peor y era cuestión de tiempo para empezar a reprobar. Al principio, me la pasaba jugando papi fútbol y *ping-pong* (no tenía talento para ninguno de los dos), y luego vinieron las fiestas los fines de semana, que pronto pasaron a ser fiestas en cualquier día de la semana. Fue un verdadero desastre. Como no tenía dinero propio para sostener ese ritmo, le mentía a mi papá sobre la supuesta compra de libros, un engaño que me servía para financiar mi vida desordenada. Me sentía avergonzado, pero la inercia me llevaba a seguir haciéndolo. En la Navidad de 1977, les confesé a mis padres lo que estaba pasando con mi vida. Su decepción fue palpable, pero no hubo mayores recriminaciones, lo cual, de forma paradójica, me hizo sentir aún peor por la confianza traicionada. Durante ese período de transición, que se extendió por casi dos años, tuve la fortuna de vivir unos meses con mi hermano Vicente y su familia, y luego con la familia de mi tía Carmela y su esposo Joaquín. Ambos hogares me acogieron con una inmensa calidez y forjamos vínculos tan estrechos que nuestra relación con mis primas perdura, sólida, hasta la fecha.

Estuve en la USAC durante dos años, con resultados más que mediocres. Hice buenas amistades, sí, pero a nivel académico fue una época gris. Me alejé de mis valores, de mis principios, y de mis expectativas. Fue un período de aprendizaje, pero no del tipo que uno se enorgullece de contar. No obstante, me mostró lo fácil que es perder el rumbo cuando no hay referentes claros, y la importancia de volver a encontrarlos.

En medio de aquel desorden personal, hubo un espacio de aprendizaje brutal: la respuesta al terremoto que azotó Guatemala el 4 de febrero de 1976, a las 3:01 de la madrugada. Con una intensidad de 7.5 grados en la escala de Richter y una magnitud devastadora en la de Mercalli, este sismo causó 25,000 muertes registradas, aunque con el tiempo se estimó que la cifra real fue mucho mayor. Me apersoné, junto con dos amigos del barrio con los cuales aún conservo una amistad sincera, como voluntarios en un pick-up pequeño, marca Toyota 1000, color celeste, que mis papás me habían obsequiado el último año del colegio en 1975.

Estuvimos en San Martín Jilotepeque, donde vivían familiares de uno de mis amigos, y en San Juan Comalapa durante unos diez días, ayudando a los damnificados. A mis dieciocho años, tuve esta dura exposición al sufrimiento y a la muerte entre mis compatriotas, la mayoría gente pobre, siendo indígenas. Observé, por un lado, la solidaridad incondicional en apoyo de algunas personas, pero también, con descorazonador asombro, el descaro de los corruptos, que no dudaban en aprovecharse de la situación, robando parte de la ayuda internacional, ya fuera en alimentos o bienes materiales como carpas o ropa. Fue una experiencia que me marcó y de la que obtuve un inmenso aprendizaje sobre la naturaleza humana en sus extremos.

Algunos meses más tarde, la universidad organizó grupos de estudiantes para apoyar a los más damnificados en la construcción de vivienda. Mi grupo, de una docena de compañeros, trabajamos alrededor de ocho semanas para construir una pequeña casa de seis por ocho metros, con materiales provistos por organismos de ayuda internacional. No recuerdo el nombre de la familia, pero sí su inmensa felicidad cuando les entregamos la casa. Ellos también habían ayudado de forma activa en la construcción. El día que terminamos, mataron una gallina y nos invitaron a comer, lo cual aceptamos con gratitud. Fue una experiencia muy edificante, un momento en que me sentí verdaderamente bien conmigo mismo, a pesar del desorden de mi vida académica.

Con el tiempo, decidí cambiar de rumbo y estudié Administración de Empresas en la Universidad

Mariano Gálvez. Allí conocí a Rocío, quien desde joven ya mostraba una disciplina y una claridad admirables. En términos académicos, la experiencia fue, como bien dicen, "un océano de conocimiento con un centímetro de profundidad". Pero a pesar de sus limitaciones, esa etapa me abrió las puertas a una carrera profesional inesperada y exitosa. Fue una transición que, aunque no ideal, me permitió redirigir mi camino hacia una trayectoria de mayor determinación y enfoque. A veces no se trata de encontrar el camino perfecto, sino de hacer lo mejor con el que se tiene a la mano.

Una nueva mirada

Mi paso por diversas instituciones educativas —el colegio, escuelas religiosas y el ejército— me expuso a distintas formas de pensar, estructuras de poder y visiones del mundo. Sin embargo, la vida aún tenía reservada una experiencia que ampliaría radicalmente mi visión del mundo. La construcción de la autopista hacia Antigua Guatemala convirtió el traslado diario —a la granja de mis papás en Santa Lucia Milpas Altas— en una odisea. Por eso, durante varios años, viví con la familia de uno de mis amigos más cercanos. Lo que comenzó como una solución práctica a un problema de transporte se transformó, sin que pudiera imaginarlo entonces, en una de las etapas más formativas y enriquecedoras de mi juventud.

El padre de mi amigo era un abogado de enorme integridad, respetado tanto por su trayectoria profesional como por su calidad humana. Su esposa, una mujer generosa, detallista y acogedora, me hizo sentir parte de su hogar desde el primer día. Llegué a quererlos como si fueran parte de mi familia. El lazo de afecto y respeto que construí con ellos y sus hijos, ha perdurado a lo largo de los años. Hoy, los sigo considerando parte esencial de mi círculo íntimo, una extensión elegida y entrañable de mi familia.

Aquella familia era distinta a la mía en muchos aspectos. En su casa se respiraba libertad intelectual. Las discusiones políticas eran parte de la sobremesa, los libros estaban en cada rincón, y la curiosidad era una actitud permanente. Había desacuerdos abiertos, puntos de vista contrastantes, pero todo desde el respeto por el pensamiento ajeno. Venir de un hogar marcado por la disciplina militar y la devoción religiosa... y aterrizar en ese ambiente, fue como cambiar de planeta. Al principio, me sentí fuera de lugar. Pero pronto empecé a absorberlo todo con avidez. En esa casa nació, o al menos se encendió con fuerza, mi hábito de lectura. Me prestaban novelas, ensayos, biografías. Leía con una mezcla de asombro y urgencia, como quien descubre una nueva forma de respirar. También aprendí a convivir con ideas distintas a las mías, a escuchar sin sentirme amenazado, a cuestionar sin deslealtad.

Ellos no sólo me ofrecieron un techo, sino una ventana a una forma distinta de vivir y de pensar. Me mostraron que se puede disentir sin pelear, que la cultura no es un lujo sino una herramienta para entender el mundo, y que la curiosidad —esa palabra que

CAPÍTULO III | ORÍGENES

luego sería tan importante para mí— es una forma de respeto hacia lo desconocido.

Hoy reconozco que esa convivencia fue uno de los regalos más perdurables que la vida me ha dado. Fue un entrenamiento temprano para la apertura mental y emocional. Me volvió más reflexivo, más empático, más consciente de mis prejuicios y limitaciones. En muchos sentidos, aquellos años no sólo ampliaron mi visión del mundo; también moldearon el tipo de padre, esposo y profesional que me esforzaría por ser. Y por eso, les estaré eternamente agradecido.

La pérdida de Vicente

Mi hermano mayor, Vicente, murió en un accidente aéreo en Tikal en 1975. Tenía sólo 29 años. Fue un golpe durísimo para toda la familia. Yo tenía 17, y hasta ese momento, el dolor de una pérdida tan definitiva me era ajeno. Vicente no sólo era mi hermano: era un referente. El hijo mayor, el que parecía tener todas las respuestas, el que había tomado decisiones difíciles con madurez. Admiraba su valentía, su sentido del humor y su capacidad para conectar con los demás sin alardes.

Recuerdo con nitidez la tarde en que llegaron las autoridades a la granja para darnos la noticia. Fue como si el mundo se detuviera de golpe, suspendido en un instante de incredulidad. El aire se volvió espeso, irrespirable. Esa noche fue un abismo. El silencio en la casa era total. Sólo se oían los latidos agitados, los suspiros contenidos. Todos sabíamos, sin necesidad

103

de palabras, que algo esencial se había roto de forma irreversible.

Ver a mi madre vestida de negro, rezando con fervor, encendiendo veladoras día y noche, fue una de las imágenes más poderosas de mi juventud. En medio de su dolor, seguía funcionando, cocinando, atendiendo a los demás. Su fe se volvió una tabla de salvación, una manera de sostenerse y de sostenernos. Mi padre, en cambio, se replegó en sí mismo. No hablaba. Caminaba de un lado a otro, con las manos entrelazadas detrás de la espalda, como un general derrotado en su propio cuartel. Era un hombre que había enfrentado golpes de estado, conflictos, detenciones arbitrarias. Pero nada de eso lo había golpeado como la muerte de su primogénito.

Vicente, quien vivió una vida muy aventurera y era piloto aviador, había volado a Tikal por trabajo. El avión comercial cayó poco después del despegue. No hubo sobrevivientes. Veinticinco personas fallecieron en ese accidente. Yo no fui al lugar del accidente, pero lo imaginaba de manera constante. Lo reconstruía en mi mente una y otra vez, como si al entender la mecánica del desastre pudiera neutralizar el dolor. Soñaba con él. Durante semanas, me despertaba en la madrugada con la sensación de que aún estaba vivo. Que todo había sido un error. Que en cualquier momento tocaría la puerta con su sonrisa y sus historias de viajes y aventuras. Esa negación fue mi refugio, pero también mi condena temporal.

El funeral no fue íntimo. Fue una despedida muy emotiva. El día del entierro, varias avionetas

CAPÍTULO III | ORÍGENES

sobrevolaron el cementerio La Villa y arrojaron flores sobre el mausoleo. Una imagen imposible de olvidar. Recuerdo los rostros descompuestos de los seres queridos, las miradas perdidas de mi hermano Luis Pedro y de Ana, la viuda de Vicente, con dos hijos pequeños que apenas comprendían la magnitud de la ausencia. A ellos les prometí, con el corazón encogido, que mientras Dios me lo permitiera, estaría presente para acompañarlos. Fue un día de abrazos prolongados, de silencios densos, de lágrimas que se asomaban, pero no caían. Un amigo cercano de Vicente me abrazó con fuerza, sin decir una sola palabra. Ese gesto, más que cualquier frase, me hizo entender que hay dolores que simplemente no tienen traducción verbal. Aquel día supe que las palabras no alcanzan. Que hay dolores que sólo se entienden con el cuerpo, con la respiración entrecortada, con el llanto que no sale.

Fue la primera vez que entendí la fragilidad de la vida. Hasta entonces, la muerte era algo que les ocurría a otros. Pero ese año descubrí que el dolor forma parte inevitable de existir. Que hay heridas que no cierran del todo, pero que con el tiempo uno aprende a vivir con ellas. La tristeza no es un enemigo. Es una señal de que hemos amado de manera profunda.

La muerte de Vicente me cambió. Me hizo madurar de golpe. Me obligó a pensar con más seriedad, con más urgencia. Por primera vez, me enfrenté a preguntas que hasta ese momento no había contemplado: ¿qué quiero dejar atrás?, ¿qué sentido tiene todo esto?, ¿cómo honro a quienes ya no están? Descubrí que crecer no es sólo acumular años, sino cargar con pérdidas y aun así seguir caminando, seguir construyendo. Desde entonces, cada vez que enfrento un momento difícil, pienso, entre otros, en él. En lo que habría dicho, en cómo habría reaccionado. A veces siento que su voz todavía me acompaña. Que parte de mi brújula viene de él. Su ausencia se volvió una presencia distinta, silenciosa pero constante. Vicente no sólo vive en mi memoria: vive en cada decisión que intento tomar con valentía, en cada gesto de compasión, en cada intento por honrar lo que somos más allá de lo que alcanzamos.

La alegría está en lo cotidiano

A pesar de los golpes, tuve una infancia rica en afectos y experiencias. Disfrutaba de los pequeños placeres: una bicicleta, una pelota, una Navidad sencilla. Nada de lujos, pero tampoco faltaba lo esencial. Y eso es algo que todavía valoro muchísimo.

En especial, recuerdo los días de lluvia en los que salíamos descalzos a la calle, a correr entre los charcos y lanzar barquitos de papel por las corrientes que se formaban en las cunetas. El olor a tierra mojada me parecía una promesa. Me sentía libre, vivo, completo. La merienda después de esos juegos —una tortilla con frijoles y un vaso de agua de jamaica— me sabía mejor que cualquier banquete.

Los domingos, con cierta frecuencia, íbamos al cine. No importaba mucho la película; lo verdaderamente esencial era el preludio. Debíamos asistir, sin

CAPÍTULO III | ORÍGENES

falta, a la misa católica de las 8:00 a.m. en la iglesia de Yurrita. Recuerdo incluso haber sido acólito de aquel párroco español cuyo nombre hoy se me escapa. Más allá del sermón, lo que perdura en mi memoria es la secuencia sagrada: caminar juntos en familia, el sabor de los dulces baratos que comprábamos de camino y la discusión posterior sobre la trama, como si fuéramos un panel de críticos de cine. Ese rito, en su totalidad, daba sentido a esos días. Era nuestra manera de estar juntos. Aprendí que lo extraordinario puede esconderse en lo cotidiano.

Entre esos momentos de disfrute en lo simple, recuerdo las tardes de cartas en casa. A mi padre, a mi madre, a Luis Pedro y a mí nos encantaba sentarnos alrededor de la mesa y pasar horas echando partidas de póker. No era por ganar dinero; las apuestas eran mínimas, casi simbólicas. Lo esencial era la convivencia, la camaradería, las risas, y la oportunidad de compartir sólo por el placer del juego. Esa costumbre era infaltable casi todos los fines de semana en la granja y cuando veraneábamos en nuestro rancho en el puerto, cerca de Iztapa. Aunque el espíritu competitivo surgía y nadie quería perder, el verdadero premio era el tiempo juntos. Cada mano era una excusa para que mi padre compartiera alguno de sus dichos populares, esas expresiones que, de manera sutil, nos ofrecían una perspectiva sobre la vida. Esos momentos de competencia sana y picardía crearon un lazo particular entre nosotros. Más adelante, nuestras esposas, hijos, sobrinos, nietos y amigos se unirían a las partidas, extendiendo la valiosa tradición a nuevos integrantes. De todo el núcleo familiar, al que menos le gustaba unirse a la partida era a mí —no soy fanático de los juegos de azar—, aunque de forma ocasional, hasta el día de hoy, compro billetes de lotería. Nunca he ganado un premio grande, sólo reintegros. Sin embargo, de niño, recuerdo la inmensa felicidad que me dio ganar dos premios en una rifa de un supermercado, en alianza con un fabricante de chocolates y bebidas achocolatadas, en la zona 4 de la Ciudad de Guatemala. Eran cosas insignificantes, pero que en su momento valoré muchísimo.

A veces íbamos al casino militar ubicado en zona 1, un espacio reservado para oficiales del ejército, al que asistíamos por la profesión de mi padre. Aquel lugar sobrio pero agradable tenía techos altos, salones amplios y un aire solemne que me hacía sentir que estaba entrando en un espacio importante. Allí aprendí a observar los códigos de comportamiento en espacios formales: cómo se saludaba con firmeza, cómo se escuchaba con atención y se hablaba con respeto. Mientras los adultos conversaban sobre política o actualidad, yo me concentraba en entender cómo funcionaban esos rituales, casi como si se tratara de una coreografía silenciosa. Aunque a veces me aburría, también me sentía parte de algo más grande, de un mundo con sus propias reglas.

También me encantaba la época navideña. Aunque no había regalos ostentosos, las posadas, las luces sencillas, los tamales humeantes, el ponche y la música tradicional creaban una atmósfera mágica. Las festividades eran hechas de abrazos, de presencia, de

CAPÍTULO III | ORÍGENES

comunidad. En casa de mis abuelos maternos, los primos nos apretábamos en un sólo cuarto, jugábamos y reíamos mucho. La abundancia no era material, sino emocional. Mi mamá, la visionaria de la familia, cultivó en mí el gusto por la música desde muy temprano. Antes de saber leer el alfabeto latino, ya leía solfa gracias a las clases de piano que me daba Don Danilo en casa. A veces, durante las reuniones navideñas, ella me pedía que tocara el piano para las visitas. Yo obedecía, aunque por dentro deseaba estar afuera con los amigos, montando bicicleta, corriendo por la calle o quemando cohetes, como dictaba la tradición chapina. Ahora, con los años, entiendo que en esos pequeños gestos también se sembraba disciplina y que la música fue otro de los hilos invisibles que tejieron mi infancia. Me arrepiento, hasta el día de hoy, de no haber seguido cultivando mi relación con el piano —o con cualquier instrumento—. Fue un error garrafal, porque la música me sigue conmoviendo enormemente. De hecho, di un par de recitales de piano en el conservatorio nacional de música, debo haber tenido menos de diez años.

Mi madre era una mujer excepcional, generosa y extrovertida, que cultivaba sus amistades con cariño y entusiasmo. Gracias a ella, también descubrí dos películas que me marcaron: *La novicia rebelde*, que vi al menos quince veces, y *Fantasía*, de Disney, que también vi incontables veces. Y lo confieso: aún hoy, cuando tengo la oportunidad, las vuelvo a ver con la misma emoción de entonces.

Crecí en un entorno que fue, en sí mismo, un coctel de influencias. Por un lado, la fuerte disciplina de mi educación católica y un colegio tradicional que, si bien se enfocaba en la estructura, no siempre priorizaba el aprendizaje práctico o enseñar a pensar. Por otro lado, la vida de clase media en la que me desarrollé, donde el espíritu competitivo se forjó no sólo en lo académico y deportivo, sino también en las anécdotas más insólitas. Recuerdo, por ejemplo, haber participado en un concurso de mi clase para ver quién comía más mixtas (tortillas con repollo, aguacate y salchicha). A pesar de que mi anatomía no era la ideal para ganar, lo hice por el simple hecho de querer vencer. De niño lloraba cuando mi equipo de fútbol perdía (los Rojos del Deportivo Municipal), insólito pero cierto.

La vida me ha mostrado que las mayores alegrías suelen venir de lo más simple. Un paseo en familia, una conversación sin prisa, una canción que me conecta con los recuerdos. Esa es una de las pocas verdades universales que me atrevo a sostener: lo mejor de la vida —casi todo— es gratis.

§

Mis orígenes me dieron un marco: disciplina, tradiciones, amor... y también contradicciones. Aprendí a convivir con la exigencia y el afecto, con la libertad buscada y los límites impuestos, con pérdidas tempranas y con la alegría de lo cotidiano. Todo eso me enseñó que la vida rara vez es lineal y que, incluso los cimientos más firmes, pueden generar tensiones internas que nos acompañan por años.

Esa mezcla de influencias, entrelazada con el paso del tiempo y la madurez, me llevó a buscar una nueva forma

CAPÍTULO III | ORÍGENES

de equilibrio. No un equilibrio rígido, sino una armonía que se construye día a día con pequeñas prácticas y decisiones conscientes. En el siguiente capítulo comparto cómo entendí que el bienestar no es una meta definitiva, sino una disciplina que se cultiva en lo físico, lo emocional y lo espiritual; un camino para hacer las paces con el pasado y vivir con más autenticidad.

Capítulo IV

ARMONÍA

"El equilibrio
no se encuentra,
se cultiva."

— P<small>ROVERBIO ZEN</small>

CAPÍTULO IV | ARMONÍA

La búsqueda de la armonía es un ejercicio permanente. Más que un destino fijo o una meta a alcanzar, la concibo hoy como una disposición flexible, un estado en movimiento que se cultiva a diario. Requiere atención, intención y paciencia, un modo de estar que se ajusta tanto en la rutina como en lo inesperado. Este capítulo reúne algunas reflexiones y prácticas que me han ayudado a transitar este camino.

Durante mucho tiempo asocié el bienestar con el éxito profesional, la estabilidad económica o la aprobación social. Confundí el estar bien con el parecer estar bien. Pero la vida —y sus lecciones, unas sutiles, otras rotundas— me fue mostrando otra cara: la del equilibrio que no se ve, pero se siente; la de una serenidad silenciosa, pero que sostiene.

No fue una claridad innata, ni logré aplicar estos principios con la constancia que habría deseado. Hubo excesos, señales ignoradas, conversaciones postergadas conmigo y con otras personas. Pero también hubo enseñanzas. Y en los últimos años, con más humildad y una gratitud más despierta, adopté una actitud más flexible. Comprendí que cuidar de mí no es un lujo, sino una forma de responsabilidad. Que el cuerpo, la mente y el espíritu no son compartimentos aislados, sino partes de una misma sinfonía que hay que afinar con regularidad. Si no cuido de mí, será más difícil cuidar a otros.

Este capítulo resume ese tránsito: de la rigidez a la flexibilidad, del juicio a la aceptación, del piloto automático a la presencia. No busco dar lecciones, sólo compartir el mapa que he ido trazando en la retadora búsqueda de la armonía.

Equilibrio que se ajusta

Comprendí que el bienestar es un estado intrínsecamente dinámico. Lo ilustro a menudo con la analogía del equilibrista: camina sobre la cuerda floja no manteniendo la inmovilidad, sino con movimientos constantes que le permiten una estabilidad sostenida. No está quieto; se ajusta sin parar. Así veo hoy la armonía: como el resultado de un conjunto de pequeños actos de presencia, adaptabilidad, respeto y tolerancia.

Durante años, me obsesioné con alcanzar un punto ideal de equilibrio, como si fuera una meta estática. Pensaba que una vez lograda cierta estabilidad —en

CAPÍTULO IV | ARMONÍA

el trabajo, en la familia, en lo emocional— podría mantenerla intacta, resguardada de las turbulencias. Pero la vida, con su particular forma de enseñarnos, me mostró lo contrario: la quietud es una ilusión. Las cosas cambian, se mueven, desafían ese supuesto balance, ya sea un imprevisto en el trabajo, un desafío familiar o un cambio en nuestra energía.

Poco a poco, entendí que la armonía no es la ausencia de conflicto o de desequilibrio, sino una manera consciente y flexible de navegarlo. Es el arte de saber cuándo tensar y cuándo soltar, cuándo hablar para establecer límites y cuándo guardar silencio para escuchar. Es reconocer el momento de hacer una pausa reflexiva o cuándo avanzar con decisión, aprender a surfear las olas imprevisibles. Estas no son decisiones ostentosas; a veces, basta con ajustar un pensamiento limitante, otras, con respirar hondo antes de reaccionar de manera impulsiva. Son actos minúsculos que, sumados, configuran un modo de estar más atento, más presente en cada circunstancia.

Comprendí también que no existe una fórmula universal ni una receta única para este balance. Lo que me funciona a mí tal vez no le sirva a otro, y lo que me funcionó ayer, puede no ser lo ideal hoy. He ido identificando mis propios elementos de balance, y estos han variado según las estaciones de la vida. Incluso en el ámbito profesional aprendí a no replicar de forma ciega las fórmulas del pasado, por exitosas que hubieran sido, porque las condiciones —el contexto, los equipos, el entorno— no son constantes. Hubo momentos en los que necesitaba madrugar y hacer ejercicio para arrancar el día con energía; en otros, bastaba con escuchar música clásica después de cenar para calmar la mente.

Me tomó años entender que no hay que "lograr" la armonía como un objetivo final, sino vivir con ella, como si fuera una música de fondo que se afina todos los días. Y como toda afinación, requiere atención plena, humildad para reconocer los desajustes y una disposición al cambio. Hoy sé que la verdadera maestría no reside en evitar los desequilibrios, sino en la sabiduría de saber volver, una y otra vez, al balance adecuado en función de las circunstancias. Ese es el verdadero arte de la armonía en movimiento.

Con el continuo cambio en los roles profesionales y emprendimientos, la innovación global sólo ha acentuado el desafío de reinventarse y adaptarse a los nuevos ecosistemas laborales y mixtos. Al observar a las generaciones mayores —incluyendo la mía *(baby boomers)*—, he notado que quienes lograron superarse fueron los que se adaptaron a los nuevos esquemas de trabajo sin perder su esencia. El denominador común para salir adelante, según mi experiencia, es el esfuerzo enfocado y prioritario, sobre una base de ética intachable. Eso implica respetar el entorno, construir nuevas habilidades, aprender a decir "no" con respeto y elegancia y asumir el rol correcto para potenciar al máximo los recursos. Este proceso es casi permanente, ya que el cambio y nuestra muerte son las únicas dimensiones garantizadas en la vida.

También he aprendido la importancia de cultivar la autoestima y el autocontrol, dos valores fundamentales

CAPÍTULO IV | ARMONÍA

que requieren esfuerzo constante. La autoestima, la percepción que tenemos de nosotros, nos permite sentirnos valiosos y capaces, esenciales para enfrentar retos y construir relaciones sanas. La clave para ello es ser coherente entre lo que decimos y lo que hacemos, y cuando cometemos errores, aprender a rectificar y seguir adelante.

Cultivar el bienestar

Un punto de inflexión significativo en mi camino fue la clarificación de uno de mis principales propósitos: *"Generar abundancia y bienestar en las personas que puedo impactar."* Esta idea, tan sencilla en su formulación, se reveló como una poderosa interpelación. Me obligó a un cuestionamiento fundamental: ¿cómo podía aspirar a contribuir a la felicidad ajena si no la cultivaba primero en mí? ¿Con qué autoridad moral podría hablar de salud o balance si no lo practicaba activamente en mi día a día? Esa pregunta resonó con una claridad que me impulsó a la acción.

Desde entonces, inicié un proceso más consciente de autocuidado —que en algunas etapas de mi vida abandoné por falta de disciplina y autoestima— despojado de fórmulas mágicas o promesas vacías. Mis pasos fueron pequeños, pero sostenidos, cimentados en una convicción creciente. Descubrí que la salud trasciende la mera ausencia de enfermedad; es una disposición integral que abarca lo físico, emocional, mental y espiritual... como los instrumentos de una orquesta que deben afinar en conjunto. Y para sostener esa sinfonía, se requiere estructura, intención y compasión hacia uno mismo.

A medida que los años avanzan, el cuerpo empieza a enviar mensajes más claros, algunos como susurros delicados, otros como alarmas ineludibles. Aprendí a escucharlo no desde la culpa por las omisiones pasadas, sino desde una renovada responsabilidad. Cuidarme dejó de ser percibido como un gesto de vanidad o una imposición disciplinaria, para transformarse en un acto de respeto fundamental. Una caminata diaria, una tarde de lectura, una noche con los amigos o un plato saludable preparado con conciencia dejaron de ser actos banales; se convirtieron en pequeñas, pero significativas, declaraciones de amor propio y de gratitud por la vida que late en mí.

El descanso, tantas veces postergado y relegado por la prisa y la autoexigencia, fue ganando una relevancia indiscutible. Comprendí que dormir bien no es un lujo ni una pérdida de tiempo productivo, sino un componente esencial e irrenunciable del equilibrio físico y mental. Descansar se volvió una forma consciente de darme permiso para regenerar energías, aclarar la mente y permitir que el cuerpo se recuperara.

De igual forma, incorporé el movimiento físico como parte innegociable de mi rutina, adaptada razonablemente a mi edad y capacidades. Atrás quedaron las épocas de récords personales o grandes hazañas deportivas como las maratones, la escalada de montañas o las largas rutas en bicicleta. Hace poco, por ejemplo, un tobillo lesionado me impidió intentar el soñado Camino de Santiago a pie; ese contratiempo

CAPÍTULO IV | ARMONÍA

me impulsó a adaptarme y a realizarlo en bicicleta, descubriendo una nueva forma de vivir esa transformadora experiencia. Ahora, el objetivo es simple pero poderoso: moverme para mantener la vitalidad, prevenir el deterioro y, sobre todo, sentirme anclado en el hecho de estar vivo. A veces es una caminata vigorosa, otras unos estiramientos suaves, ir a nadar aunque haga frío, o sólo la elección consciente de usar las escaleras en lugar del ascensor. Lo esencial es no detenerse, mantener el cuerpo en flujo.

Junto al movimiento y el descanso, la alimentación se presentó como uno de mis mayores, y a veces más desafiantes, frentes de batalla. Durante años, la prisa, la conveniencia y mi apetito voraz dictaron mis elecciones, sin una verdadera conciencia de lo que el cuerpo necesitaba. Ha sido un camino de prueba y error, de reconocer hábitos arraigados y de aprender a desvincular la comida de la culpa o el placer efímero. Aunque no es nada fácil y las tentaciones persisten, hoy veo la alimentación consciente como un acto de cuidado esencial.

Por supuesto, no consigo mantener esta disciplina con la constancia que desearía. Hay semanas difíciles, días en que las buenas intenciones se diluyen entre múltiples demandas y pendientes. Pero el bienestar no se construye desde la culpa por las fallas, sino desde la constancia amable y la indulgencia con uno mismo. Incluso los pequeños avances transforman nuestra forma de habitar el cuerpo y, por ende, el mundo.

Cuidarme ha dejado de ser un gesto individualista para convertirse en una forma de responsabilidad expansiva: sólo desde un equilibrio personal sólido y genuino puedo ofrecer a otros lo mejor de mí y ser una fuente auténtica de vitalidad y plenitud en mi entorno.

Movimiento y competencia

Mi relación con los deportes ha sido una constante en mi vida, una pasión que, creo, se forjó en mi infancia bajo la influencia de mis hermanos y de Margarito, a quien recuerdo con mucho cariño. El recorrido ha sido largo y emocionante. Desde pequeño me volví un apasionado del fútbol, el deporte más popular en Guatemala. Aunque nuestra selección no ha logrado llegar a un mundial, otros deportes más individuales, como el tiro o la marcha atlética, sí le han dado grandes alegrías a la nación entera, sin distinciones de clase social. Recuerdo con nostalgia la emoción de ir al estadio Mateo Flores en la Ciudad de Guatemala para ver a mi equipo de toda la vida, el Municipal, o a la selección nacional.

    Con el tiempo y las oportunidades de la vida, mi faceta como observador me llevó a presenciar la alta competición en diversos deportes. Tuve la fortuna de ver campeonatos mundiales de esquí en Suiza, carreras de la máxima categoría de MotoGP y más de diez grandes premios de Fórmula 1. También fui testigo de la final de tres copas del mundo de fútbol y, desde la final que ganó Brasil contra Italia en Pasadena en 1994, he visto por televisión todos los partidos que han definido al campeón mundial. Tuve la fortuna de ver las finales de tenis de todos los Grand Slams menos el

CAPÍTULO IV | ARMONÍA

de Australia, de hecho, asistí cuatro veces a Roland Garros. He compartido estas experiencias con mi familia, como en la final del Super Bowl XLV en Dallas, en 2011, un evento que se convirtió en un gran recuerdo familiar. Quizá el momento más emocionante en mi vida como observador ocurrió en el Tour de Francia de 2006, cuando tuve la oportunidad de colocarle el suéter amarillo de líder a Floyd Landis, quien sería descalificado días después.

En cuanto a la práctica, fui un apasionado jugador de fútbol en mi juventud. Jugaba de centrodelantero y mi envergadura me ayudaba a anotar muchos goles. También me enamoré de la bicicleta, en especial durante mi segunda estadía en Colombia, donde con un grupo de amigos realizábamos recorridos de más de 100 kilómetros los sábados. A pesar de ser muy mal nadador en comparación con mis hermanos, me animé a completar varios triatlones olímpicos. Pero el recuerdo más especial es correr la maratón de la Ciudad de México y, en noviembre de 2009, la de Nueva York junto a mi hijo, una experiencia única y extraordinaria que valoro hasta el día de hoy.

Con más de 30 años, cuando viví por primera vez en Bogotá, empecé a jugar golf. A pesar de haber tenido excelentes profesores, el talento no me acompaña, pero sigo jugándolo con gran disfrute cada domingo en la Ciudad de México con un *foursome* que me acogió desde 2008 (a pesar de mi bajo nivel en comparación con ellos). Me doy cuenta de que tanto la bicicleta como el golf me conectan con la naturaleza, un contacto que me brinda paz interior y una oportunidad para la contemplación. La vida, como el deporte, tiene momentos de gloria y de decepción, pero ambos me han enseñado que la verdadera alegría no se encuentra en el trofeo, sino en el esfuerzo, en la compañía y en la emoción que vivimos en el camino.

La autenticidad como medicina

En distintos momentos me he sentido incómodo al decir lo que realmente pensaba o al mostrarme tal como soy. Sin embargo, cada vez que me he atrevido a hacerlo —y puedo decir que ha sido una constante en mi vida cotidiana— he experimentado una sensación de alivio profundo. Aunque esa franqueza ha generado, en ocasiones, incomodidad o rechazo entre colegas, socios, incluso amigos, también ha sido la base para construir entornos más creíbles, donde las conversaciones parten de la honestidad y no de la apariencia.

Mi relación con la aceptación ha evolucionado. A los 20 años, me consumía la preocupación por el "qué dirán", sintiéndome evaluado de manera constante. Sin embargo, al llegar a los 40 y enfrentar grandes desafíos personales y profesionales, empecé a soltar esa carga. Fue un momento de liberación en el que, en la mayoría de los casos, dejé de preocuparme por lo que los demás pensaban de mí. Hoy, a mis 67 años, me doy cuenta de la ironía: la gran mayoría de la gente no estaba pensando en mí en absoluto. Percibo que estas nociones cambian con la madurez y por ello he aprendido a darle tiempo al tiempo. Como un camaleón que se adapta a su entorno sin perder su esencia,

CAPÍTULO IV | ARMONÍA

me he dado cuenta de que los ecosistemas que nos rodean cambian y nosotros también debemos hacerlo, sin abandonar nuestra substancia o quienes somos en realidad.

Recuerdo una ocasión tensa en particular, durante una reunión estratégica en la sede de la región andina. El ambiente era políticamente cargado, con opiniones divididas y mucha cautela en el aire. En un momento clave, me atreví a decir lo que muchos pensaban, pero nadie verbalizaba. Lo hice sin rodeos, con respeto, pero sin edulcorantes. El silencio posterior fue incómodo, pero no duró mucho. Esa intervención abrió un espacio distinto. A partir de ahí, la conversación se volvió más real, menos ensayada. Quizá no todos lo agradecieron en voz alta, pero el tono del diálogo cambió. Desde entonces, comprendí que el costo de ser auténtico a veces es la incomodidad ajena, pero el beneficio es una mayor claridad colectiva.

También he notado una tendencia en mí que me ha acompañado durante años: una necesidad de reafirmar lo dicho, de repetir las ideas una y otra vez. No sé si nace de cierta inseguridad, de una necesidad de validación o simplemente de la costumbre de enfatizar lo esencial para que no pase desapercibido. Lo cierto es que esa "manía" —como la llamo en privado— me ha jugado a favor y en contra. A favor, porque en algunos contextos ayudó a subrayar mensajes clave; en contra, porque a veces no fue bien recibida. Aun así, aprendí a reconocer esa repetición no como un defecto, sino como parte de mi estilo, y con el tiempo he intentado modularla, sin perder lo que considero esencial: el compromiso de decir lo que de verdad importa.

Ser auténtico no es fácil. A menudo implica ir contracorriente, renunciar a la máscara del "deber ser" y asumir los propios matices, errores y contradicciones. Pero también es un acto de valentía y de sanación. Aceptar mi voz —aunque sea impopular o desentone con las expectativas externas— me permitió tomar decisiones más coherentes, soltar presiones innecesarias y conectar desde un lugar más genuino con los demás.

Durante mis 34 años en una corporación de alcance global, observé cómo la política interna era un método habitual para sobrevivir, escalar posiciones o ganar influencia. Como toda compañía de gran escala, la política formaba parte del ecosistema. Pero de manera consciente decidí no jugar ese juego. Fue una elección deliberada: no pedir favores para no deberlos, no entrar en transacciones implícitas que, más que facilitar, solían ralentizar la ejecución y desviar la atención de los verdaderos objetivos. Fue, sin duda, una buena escogencia. Prefiero haber sostenido mis decisiones desde la convicción, aunque eso significara avanzar más lento, que haber perdido mi voz en el intento de complacer o negociar lo esencial. La autenticidad no es un lujo, ni una pose. Es una práctica. Y aunque a veces incomode, creo con firmeza que es uno de los caminos más sólidos hacia la libertad interior.

CAPÍTULO IV | ARMONÍA

Relativizar la experiencia

Uno de los aprendizajes más liberadores y transformadores que he abrazado con la madurez ha sido comprender a fondo que cada persona recorre un camino absolutamente único, trazado por tiempos internos, motivaciones personales y un conjunto de circunstancias irrepetibles. Esa revelación me ha permitido ver con mayor claridad que no existe una única forma válida de éxito, un molde universal al que todos debamos aspirar. Lo que para unos representa la cima de la realización, para otros puede ser apenas un peldaño más en una escalada diferente, incluso un desvío hacia una senda más auténtica.

Hace poco me enteré de amigos cercanos que han sufrido infartos. Al investigar, descubrí que no es poco común sentir tristeza, ansiedad o frustración en el proceso posterior, una respuesta ante un evento de estrés extremo. Esa cercanía con la muerte me hizo reflexionar: ¿es posible que el corazón, además de distribuir oxígeno, guarde emociones? De ahí quizá la expresión "te amo con todo mi corazón", pues no decimos "con todo mi cerebro". Aunque la ciencia claramente atribuye las emociones al cerebro, me permito este romanticismo porque me hizo reevaluar la búsqueda de emoción en eventos grandes y trascendentales. Comprendí que, en el depósito de mi corazón, tengo recuerdos de viajes, festivales y eventos deportivos, sí, muy gratos, pero incomparables con el regalo de la cercanía y el abrazo sincero y profundo de mis hijos, y con los momentos vividos con mis familiares y círculo de amigos más cercano. Esos son los verdaderos tesoros que guardo.

Durante mucho tiempo, caí, como tantos, en la insidiosa trampa de la comparación. Vivimos inmersos en una cultura que de manera constante nos bombardea con discursos que exaltan logros visibles y tangibles: puestos de poder, posesiones materiales, reconocimientos públicos. Estos se presentan, de forma sutil, como la prueba indiscutible de una vida plena y realizada. Sin darnos cuenta, absorbemos esas métricas ajenas y empezamos a medir nuestro progreso con reglas que no son nuestras, dudando de nuestros avances y de la validez de nuestro camino sólo porque no se parecen a los de otros. Gran error.

En esta dinámica, muchas veces, echan raíces la envidia, la frustración o la persistente sensación de insuficiencia. Porque rara vez se nos muestra el esfuerzo incansable, las renuncias dolorosas, las incontables horas de trabajo silencioso o los miedos que se esconden detrás de los triunfos que tanto admiramos. Tampoco se habla lo suficiente de los fracasos necesarios que abren nuevas puertas, de los desvíos inesperados que reconfiguran el rumbo... o de los valientes comienzos desde cero que son parte intrínseca de toda historia auténtica y significativa.

Aceptar mi ritmo, con sus pausas obligadas, sus períodos de reflexión y sus regresos a puntos de partida insospechados, ha sido una forma de reconciliación conmigo. Me ha permitido celebrar mis logros —por modestos que parezcan a la luz pública— con una satisfacción mucho más honda y genuina. Descubrí

CAPÍTULO IV | ARMONÍA

que la realización no nace de la validación externa ni de cumplir con expectativas impuestas, sino de vivir con absoluta congruencia: alinear lo que hago, pienso y siento con lo que realmente valoro en mi existencia.

Hoy, la elección es clara: prefiero la paz interior a la apariencia o al reconocimiento superficial. Elijo compartir mi camino y mis aprendizajes en lugar de caer en la agotadora competencia. Y en vez de mirar de reojo el césped ajeno, he aprendido a mirar hacia adentro, a enfocarme en mi crecimiento, en las lecciones esenciales que deja cada experiencia —tanto las luminosas como las oscuras—, y en el paisaje —a veces incierto, a veces brillante, pero fascinante— que se despliega ante mí cada día.

Porque cada quien escribe su historia con tinta distinta, con un trazo único e irrepetible. Y respetar esa diversidad, celebrar la unicidad de cada sendero, no sólo es un acto de sabiduría, sino también una forma de encontrar y vivir en verdadera armonía.

Las pequeñas prácticas que sostienen

A medida que voy redefiniendo mi concepto de armonía, he adoptado ciertas prácticas cotidianas que actúan como verdaderos anclajes en la vida. No las asumo como obligaciones impuestas, sino como decisiones conscientes que me hacen bien. Son rituales sencillos, pero poderosos, que me reconectan con el presente y conmigo.

La lista es simple, casi elemental:

1. Dormir bien, permitiendo que cuerpo y mente se reparen
2. Comer con calma los alimentos adecuados (todo un desafío en el que me equivoco con frecuencia), saboreando cada bocado como un acto de presencia
3. Caminar sin rumbo fijo, dejando que los pensamientos fluyan con libertad mientras el cuerpo se mueve
4. Estar plenamente presente cuando converso con alguien, escuchando de verdad más allá de las palabras
5. Conservar una red de amistades sólida y confiable
6. Sumergirme en la música sin distracciones
7. Dejar el teléfono lejos, desconectándome del ruido digital
8. Jugar con mis nietos, encontrando la alegría en su inocencia y espontaneidad
9. Tomar un té sin prisa, disfrutando el aroma y el momento
10. Agradecer (cada noche) con sinceridad el día vivido y las bendiciones recibidas.

No logro sostener esta disciplina con la constancia deseada en todo momento, lo confieso. Hay semanas difíciles, días en que las buenas intenciones se diluyen entre las urgencias y los pendientes abrumadores. Pero el valor no está en la perfección, sino en la persistencia amable. Cuando consigo integrar estas pequeñas prácticas, algo dentro de mí se acomoda, se alinea. Son

CAPÍTULO IV | ARMONÍA

gestos simples que me recuerdan una verdad esencial: que la armonía no se encuentra en lo extraordinario, sino en lo repetido con cariño y compromiso, en la atención consciente a lo cotidiano.

Más allá de estas rutinas, otra práctica fundamental que me sostiene es la disposición a salir, una y otra vez, de la zona de confort. Este es, sin duda, uno de los mayores desafíos de la adultez. Con los años, acumulamos certezas y modos de operar que nos ofrecen seguridad, pero que, de forma paradójica, pueden volverse una jaula invisible. Lo que creemos saber se convierte en un filtro rígido y, sin darnos cuenta, limita drásticamente nuestra capacidad de asombro, de innovación, de disfrutar la contemplación serena de lo que nos rodea y, en última instancia, de evolución personal.

En este sentido, me inspira el ejemplo de los golfistas profesionales que, incluso tras ganar torneos con un *swing* impecable, deciden cambiarlo. Intuyen que quedarse con lo que "funciona" a la perfección en un momento dado puede convertirse, a la larga, en una trampa que impide un crecimiento mayor. Ese riesgo calculado por la mejora continua me parece una poderosa metáfora del crecimiento incesante: implica valentía para cuestionar lo establecido, visión de largo plazo para trascender el éxito inmediato y, sobre todo, humildad para reconocer que suele haber más por asimilar.

Algo similar ocurre con la paciencia en la vida y en las finanzas. Warren Buffett lo resume al decir que "el mercado de valores es un mecanismo de transferencia de riqueza, del impaciente al paciente". Esa frase, aunque referida a las inversiones, refleja una verdad más amplia: en casi todo lo importante, la prisa erosiona y la constancia multiplica. Esperar, perseverar y confiar en los procesos permite que los frutos aparezcan, ya sea en el crecimiento personal, en los vínculos o en los proyectos que valen la pena.

He tratado, con tenacidad, de aplicar esa lógica en mi vida. Cuestionar mis ideas más arraigadas, desaprender lo que ya no sirve o lo que me limita, y abrirme de forma genuina a otras miradas y perspectivas, lo cual implica un gran esfuerzo. En especial, valoro y busco de forma activa las conversaciones con personas más jóvenes. No lo hago desde la condescendencia de la experiencia acumulada, sino desde una curiosidad genuina, sabiendo que otras generaciones ven y abordan la realidad de maneras que a veces se escapan a nuestra mirada, enriqueciendo mi mapa mental.

No es fácil, lo reconozco. El ego, aferrado a lo conocido, se resiste. El cansancio o la inercia invitan a permanecer en lo familiar. Pero cada vez que descubro algo nuevo —una herramienta digital, una perspectiva filosófica diferente, una manera más empática de comunicarme...— siento que algo se renueva en mí. Es como si el aprendizaje, en sí mismo, fuera una forma poderosa de mantenerse vivo, de honrar la propia existencia en un viaje que, por fortuna, aún está en curso.

Hoy, para mí, más que una obligación o una meta, el aprendizaje es una fuente inagotable de renovación. Una forma de gratitud por cada nuevo día y cada nueva oportunidad de comprender. Una manera de honrar el privilegio de estar todavía en camino, con la mente y el espíritu abiertos a lo que vendrá.

Hacer las paces con el pasado

Leí una vez que la depresión es un exceso de pasado, el estrés un exceso de presente y la ansiedad un exceso de futuro. Esa frase, pese a su aparente simpleza, me confrontó con una verdad innegable: he convivido, en distintas etapas, con las tres. Pero en esa misma confrontación, he descubierto un regalo invaluable: la posibilidad de reconciliarme con mi historia, de cesar la batalla contra lo que ya fue.

Aceptar que no puedo cambiar ni reescribir lo que sucedió, pero que sí puedo elegir activamente qué lugar ocupa en mi vida hoy, ha sido una transformación silenciosa, pero monumental. En lugar de pelear con los recuerdos dolorosos o los errores cometidos, he aprendido a escucharlos, a entender el mensaje que traen sin que me arrastren. En vez de negarlos o huir de ellos, los observo con compasión y honestidad. No se trata de idealizar equivocaciones o heridas, sino de integrarlas, de reconocerlas como parte ineludible y valiosa del camino recorrido que me ha traído hasta aquí. Es en esa integración donde reside la verdadera paz con el pasado.

Fue durante el confinamiento global, impuesto por la pandemia, cuando sentí una vulnerabilidad inédita. Aquella pausa forzada, a pesar de su incertidumbre, me enfrentó a mí con una intensidad que pocas veces había experimentado. Y en ese espacio de introspección obligada, entendí algo esencial: la sabiduría de saber detenerse. Agradecer lo simple, aquello que dábamos por sentado. Volver a lo fundamental, a la esencia de lo que de verdad importa. Este período, aunque desafiante, fue un catalizador para la aceptación y la compasión hacia mi historia.

Aprendí a ser más compasivo conmigo, a tratarme con la misma indulgencia que ofrecería a un ser querido. A reconocer que la autoexigencia desmedida no es una virtud que me impulsara, sino una trampa autoimpuesta que me agotaba. Que el descanso, la serenidad y la ternura hacia uno mismo no son signos de debilidad, sino formas elevadas de sabiduría y autocuidado, fundamentales para el equilibrio.

Hacer las paces con el pasado, entonces, no fue un acto de olvido, sino de resignificación. Me ha permitido estar más presente, anclado en el ahora, y mirar hacia el futuro con una ansiedad significativamente menor. Esta reconciliación ha sido el cimiento para construir una relación más amable, auténtica y armoniosa con quien soy hoy, con mis luces y mis sombras. Es la liberación que permite vivir con plenitud, sin el lastre de lo que ya no puede ser.

§

La búsqueda de armonía ha sido un proceso paciente: aprender a escuchar mi cuerpo, a cuidar mi energía, a reconciliarme con lo que no puedo cambiar. Descubrí que la paz no es ausencia de conflicto, sino la capacidad de habitarlo con serenidad. Ese trabajo interior no se quedó

CAPÍTULO IV | ARMONÍA

sólo en mi vida privada: transformó la manera en que me relacioné con los demás, en especial con los equipos y las organizaciones que me tocó guiar.

El siguiente capítulo habla de liderazgo, pero no en términos de manuales de gestión, sino como una experiencia vital. Liderar, para mí, ha sido escuchar más que imponer, confiar más que controlar, aprender de los errores y sostener una visión incluso en tiempos adversos. En esas páginas relato cómo la búsqueda de armonía interior se reflejó en mi forma de conducir proyectos, empresas y personas... y qué lecciones me dejó sobre responsabilidad, improvisación y legado.

Capítulo V

LIDERAZGO

"El mejor líder es aquel
que logra que otros descubran
su propia fuerza."

— Lao Tsé

CAPÍTULO V | LIDERAZGO

A lo largo de mi carrera profesional, tuve la fortuna —y también el peso— de ocupar posiciones de liderazgo en distintos mercados, culturas y momentos históricos. Algunas veces, fui promovido antes de sentirme listo y, otras veces, me enfrenté a escenarios que requerían mucho más que experiencia técnica: demandaban madurez, intuición, integridad consolidada y, sobre todo, humanidad.

El liderazgo se puso a prueba en contextos turbulentos.

Estuvimos en Europa durante la caída del Muro de Berlín, en noviembre de 1989, un evento que no sólo redefinió fronteras políticas, sino que reveló las tensiones entre modelos de sociedad, de poder, económicos y de libertad.

En Panamá experimentamos de primera mano la volatilidad que dejó la caída del régimen de Noriega tras la invasión estadounidense el 20 de diciembre de 1989. Fue una lección dura sobre las devastadoras consecuencias del autoritarismo y de la corrupción, y de cómo estos fenómenos pueden fracturar el tejido social y la institucionalidad de una nación.

En Colombia, desarrollé parte de mi labor en una época en que la presencia activa de las FARC condicionaba la vida empresarial y social, con un trasfondo de constante riesgo y conflicto armado, una realidad que contrastaba, por ejemplo, con la eufórica victoria de la selección colombiana de fútbol sobre Argentina en septiembre de 1993, un triunfo que se sintió como fiesta nacional. Unos meses después, la caída de Pablo Escobar en Medellín durante un enfrentamiento con las autoridades, sumió el ambiente en una tensión palpable, generando gran inquietud ante cualquier posible represalia en los días siguientes.

En Venezuela, fuimos testigos del ascenso de Hugo Chávez a la presidencia el 2 de febrero de 1999. Tras un fallido golpe de estado el 11 de abril de 2002, el rumbo político del país se radicalizó, dando un giro de largo alcance que transformó por completo el panorama económico y social de la región. Esta situación nos obligó a repensar profundamente cómo operar en medio de una creciente polarización y una incertidumbre sin precedentes. Liderar la organización en este contexto fue un desafío adicional, pues la distancia dificultaba que mis superiores comprendieran la magnitud del viraje económico y político que el país experimentaba.

CAPÍTULO V | LIDERAZGO

Ante ese escenario global, se hizo imprescindible reforzar la palabra "confianza" en su sentido más amplio. Por un lado, la confianza de mis superiores hacia mi liderazgo, con la convicción de que la organización se guiaría por los principios corporativos de integridad. Por otro, la confianza hacia mi equipo y desde él, fundamental para tomar las decisiones pertinentes y necesarias, permitiéndonos "surfear" en aguas tan inestables.

Cada día presentaba una nueva complejidad, haciendo imposible estar al tanto de cada detalle; por ello, la visión debía ser clara en su rumbo, pero al mismo tiempo flexible para adaptarse a las cambiantes condiciones del mercado y del consumidor.

Recuerdo que las dos variables principales que cimentaron la gestión con el equipo directivo fueron: velar por la seguridad de los empleados (sin someterlos a riesgo, ni buscar héroes) y, al mismo tiempo, preservar la integridad de nuestros activos, tanto tangibles (fábricas, centros de distribución, flota) como intangibles (el cuidado de las marcas, reputación, etc.). Este set de prioridades, reducido de forma intencional, nos permitió enfocarnos en lo esencial para la continuidad del negocio: el crecimiento, la rentabilidad y el cuidado de la tesorería, entre otros aspectos vitales.

Aprendí que el éxito empresarial no se rige por un único estilo de liderazgo, sino por una multitud de matices y variables que influyen en los modelos de negocio. Factores como la competencia, la innovación, el entorno, el conocimiento del consumidor y la estrategia de crecimiento son cruciales. Y al final, la ejecución es lo que determina el resultado, por más extraordinaria que sea la estrategia.

Todo el ciclo, desde la planeación hasta la obtención de resultados, depende de "gente". Con inteligencia artificial (IA) o no, dependemos de personas, de seres humanos a los que, además de exigirles y remunerarlos, hay que motivar y ofrecerles un plan de carrera, crecimiento y mejor calidad de vida. La forma en que se les motiva y se "ponen la camiseta" depende directamente de la cultura, los valores y el liderazgo de la empresa.

Los líderes exitosos, en su mayoría, son aquellos que logran mover el negocio hacia dimensiones que la mayoría no ve, pero que inspiran a otros a acompañar la estrategia por la convicción en su visión.

Durante mi vida, leí innumerables artículos, libros y ensayos sobre liderazgo en los que cada autor pretende ofrecer una ruta única para ser exitoso, desde una perspectiva occidental. No tengo la autoridad para criticarlos, pero sí para estar en desacuerdo: el líder debe adaptarse al contexto y no al revés. También aprendí que los principios de ética e integridad de muchas empresas, a pesar de estar escritos, se vieron practicados de manera negativa, con una incoherencia ejemplar. ¿Por qué sucede esto? Porque las palabras son sólo eso. La gente, sin importar la generación, cree en lo que observa en el trabajo diario, mucho más que en decálogos inspiracionales (con frecuencia pura retórica).

Otro tema que sigo aprendiendo es la relevancia que muchas organizaciones dan a las estructuras, que

CAPÍTULO V | LIDERAZGO

son fundamentales para operar en el mundo actual. Sin embargo, con los años he confirmado que el éxito depende más de las personas que de la estructura definida. No creo que haya una estructura ganadora; todo depende del ciclo de vida de la empresa y del entorno del mercado y así armar un equipo vencedor. Las personas son la clave del éxito. Hasta hoy, muchos cursos y libros definen y enseñan el liderazgo como una receta única y vencedora. Pero sin el trabajo cooperativo, sin la ayuda y el apoyo de otros (internos y externos) y una plataforma de información concreta y confiable, no hay manera de ganar. Con volúmenes de información cada vez más crecientes, es imposible tener todas las respuestas. Quizá en el futuro, los nuevos modelos tecnológicos podrán hacer pronósticos que aumenten las probabilidades de éxito. Pero entonces, sería una fórmula "casi llave en mano" para quien tenga más recursos, y ¿qué hay de la competencia? ¿Del marco regulatorio? ¿Del derecho del consumidor a adquirir lo que le plazca? ¿Cómo diferencias entonces una estrategia?

De manera constante, el ingenio humano se ha puesto en acción para sacar adelante al mundo en momentos críticos de incertidumbre. Y estas crisis, como enseña la historia, seguirán apareciendo: guerras, ideologías, enfermedades. Salvo la autodestrucción, el contexto indica que la evolución continuará a pesar de las turbulencias globales. Lo hemos visto con la masificación de la agricultura, la revolución industrial y la transformación digital. El auge de la

IA en 2025 está implicando luchas ideológicas entre potencias que buscan una ventaja competitiva. Soy afortunado de pertenecer a una generación que ha vivido tanta innovación y ha observado cómo el cambio se produce de manera vertiginosa. Parece que el futuro vendrá aún más rápido. ¿Cómo mantenemos nuestro liderazgo en un entorno tan cambiante? Empiezan a aparecer tendencias, por ejemplo, de utilizar la IA para "perfeccionar" a los humanos, sea con aptitudes profesionales o con tratamientos para dificultades como el sueño. Esta dimensión es sorprendente, y con las que no han aparecido aún de forma pública, creo que el desafío más relevante para "salir adelante" con el cambio de escenarios cada vez más frecuentes, será la actitud de cada uno para poder adaptarse a las nuevas circunstancias y sus implicaciones personales, profesionales, incluso espirituales. Quizá, los modelos de enseñanza se adaptarán y tocará tener la "actitud adecuada" para reinventarse en períodos cada vez más cortos. Es una perspectiva atractiva y muy desafiadora, pero desgastante si sucede con demasiada frecuencia.

Entendí que liderar no es simplemente tomar decisiones o asumir responsabilidades visibles. Es sostener espacios de confianza, acompañar procesos complejos y, muchas veces, tomar el riesgo de actuar sin certezas. Supone escuchar con atención, dar lugar al otro y adaptarse sin perder el norte.

Este capítulo recopila algunas ideas y lecciones que fui reuniendo en ese camino: desde la importancia de construir lealtad y confianza en los equipos hasta el arte de improvisar con criterio, pasando por momentos de duda y reinvención. También explora el deseo —natural, pero nada sencillo— de dejar un legado que trascienda más allá de los resultados. A veces, ese legado se escribe en las decisiones visibles; otras, en los silencios, los gestos cotidianos o en la forma en que logramos mantenernos cerca de quienes importan, más aún en medio de la tormenta.

Liderazgo desde la confianza

En un capítulo previo hablé de la tensión que viví entre el impulso de controlar y la necesidad de ceder espacio. Esa tensión no sólo marcó momentos personales importantes, sino también buena parte de mi trayectoria profesional. Soltar de forma gradual esa certeza absoluta —un acto que me resultaba aterrador— fue un aprendizaje largo y, en muchos casos, contraintuitivo; con el tiempo se convirtió en uno de los pilares más firmes de mi manera de liderar, con la premisa de delegar más no claudicar.

En mis primeros años como gerente de informática en un banco, era joven, técnicamente competente, pero inmaduro como líder. No sabía delegar. Me llamaban a cualquier hora del día —o de la noche— para resolver problemas que yo mismo había fomentado al no formar ni empoderar a mi equipo. En el fondo, esa dinámica alimentaba la falsa sensación de ser insustituible. Confundía el control con la efectividad y el protagonismo con la responsabilidad. No fomentaba la colaboración, no desarrollaba sucesores y no celebraba los logros ajenos. Sin darme cuenta, me había convertido en el ejemplo de lo que no se debe hacer.

Uno de los desafíos más importantes fue aprender a adaptarme, no sólo a mi superior jerárquico, sino también a todos aquellos que formaban parte de un equipo o proyecto. Esa adaptación es una cualidad esencial, siempre y cuando no se pierda la propia esencia, pues el riesgo de convertirse en un camaleón sin criterio, que al final deriva en sentirse mal con uno mismo, es muy elevado. Al principio, enfocaba mi energía en convencer a los demás de que mi punto de vista era el ganador. Sin embargo, con el tiempo y no sin dolor, evolucioné para entender que un debate respetuoso y una escucha atenta pueden generar ideas mucho más sólidas y con mayores posibilidades de éxito. Aprendí que el liderazgo situacional es clave y que, sin negociar la propia esencia, hay espacio para adaptarse a diferentes realidades: a veces como líder por jerarquía, a veces como líder de facto y a veces como parte del equipo.

El cambio llegó gracias a la intervención de mentoras y mentores no formales. Sus perfiles, aunque diferentes al mío, me ofrecían la oportunidad de ver los retos desde distintas perspectivas, ayudándome a construir modelos más sólidos y sencillos para comunicar exigencias justas. Estas personas no sólo me señalaron mis errores, sino que me mostraron otra forma de ejercer el liderazgo. Uno de ellos insistía con convicción en que la seguridad en el equipo debía valorarse como un criterio central a la hora de evaluar el desempeño. Al principio me parecía algo difícil de

CAPÍTULO V | LIDERAZGO

medir, casi intangible. ¿Cómo se traduce la credibilidad recíproca en resultados? ¿Cómo se cuantifica el respeto mutuo? Con los años comprendí que lo que no cabe en un balance o en la cuenta de resultados se percibe con claridad en la cultura. Sigue siendo un desafío ante la necesidad de maximizar el retorno para todos los *stakeholders*. Un grupo donde cada uno confía en el otro respira distinto: se atreve, pregunta, colabora y asume responsabilidad. Por el contrario, cuando ese tejido de fe mutua no existe o se rompe, todo se vuelve tenso: las reuniones, las decisiones y el ambiente mismo. A raíz de la complejidad de los retos, aprendí por necesidad a preguntar, preguntar y preguntar, en un intento por comprender mejor y aumentar las posibilidades de éxito. Esto derivó en varias ocasiones en equipos de liderazgo "disfuncionales", que consumían más energía de lo normal, pero que eran capaces de generar estrategias disruptivas y vencedoras.

Desde entonces, la seguridad dentro del equipo dejó de ser una aspiración y se volvió un comportamiento cotidiano. Creer en la capacidad ajena significó, para mí, escuchar con atención, delegar con criterio, reconocer méritos sin protagonismo y ceder espacio para que otros crecieran, incluso cuando eso implicaba renunciar a ser el centro de atención.

Descubrí que la confianza —más que un lujo emocional— es un imperativo estratégico. Y entendí que debe ser recíproca: no se puede exigir si no se ofrece. No es a través de un *speech* o un *blueprint* que los colaboradores creen y se alinean, sino a través de "predicar con el ejemplo", del *walk the talk*. Por eso, cuando un integrante del equipo no lograba generar ese clima de respeto y credibilidad, intentaba entablar una conversación honesta. Si, tras varios intentos, no se producía ningún cambio, prefería acompañarlo hacia nuevas oportunidades, incluso fuera de la organización. No como castigo, sino porque el desgaste que provoca una permanente tensión interna termina afectando a todos. Esas decisiones, aunque no en todos los casos, sí me generaron algunos "anticuerpos" de colaboradores que, con una visión diferente y respetable, no me toleran como persona. Es parte del costo de priorizar y de estar centrado en los objetivos que harán la diferencia, cuidando el mejor talento.

Nada de eso fue automático. Saber delegar y creer en la capacidad de otros requirió años, errores, la guía de superiores tolerantes y de otros no tan tolerantes que, sin embargo, también aportaron muy buenos consejos. La diferencia no radicó en "qué" se dijo, sino en "cómo" se transmitió, y en mucha humildad. Pero una vez que comprobé los frutos de liderar desde ese lugar, no quise volver atrás.

La seguridad compartida no elimina los problemas, pero crea las condiciones necesarias para enfrentarlos juntos, con menos miedo y mayor compromiso.

Aprender haciendo (y fallando)

A lo largo de los años, fui parte de proyectos relevantes: impulsamos innovaciones en la cadena de suministros y productiva del café en regiones como

CAPÍTULO V | LIDERAZGO

Chiapas, Veracruz y Oaxaca; fortalecimos alianzas estratégicas con grandes clientes y, en algunos casos, superamos metas que parecían inalcanzables. Pero también fracasamos. Algunos proyectos, a pesar de tener ideas brillantes, no lograron despegar. Eran iniciativas prometedoras con desenlaces desfavorables. Recuerdo con especial claridad una planta diseñada para producir lotes pequeños de productos innovadores: un concepto atractivo en papel, pero inviable en la práctica porque carecíamos de las competencias para sacar adelante el proyecto. Otra iniciativa, que buscaba transformar productos secos en líquidos, se estrelló contra una muralla de obstáculos técnicos, logísticos y de rentabilidad.

De esas experiencias entendí que una buena idea no basta: la ejecución lo es todo. Y que, como bien dicen en el campo, con frecuencia no es la flecha, sino el indio.

El período que lideré las operaciones de la multinacional me exigió todo: pensamiento estratégico, intuición, resistencia emocional y, en especial, coherencia personal. Era un rol privilegiado, sí, pero también muy demandante. Vivía rodeado de expectativas: del equipo, de la corporación, del entorno. Y en más de una ocasión, tuve que decidir sin contar con toda la información, sin tener certezas absolutas, guiándome sólo por una mezcla de análisis riguroso, brújula moral y, a veces, mi intuición, incluso a mi pesar.

Una de las decisiones más difíciles fue cerrar una planta con décadas de historia. Aunque los números eran incuestionables, el costo humano fue enorme.

Me puse en frente de trabajadores que llevaban más tiempo en esa planta del que yo tenía en la empresa. Escucharlos, mirarlos a los ojos, reconocer su trayectoria y decirles que su etapa había terminado, fue una de las experiencias más duras y formativas de mi vida profesional. En momentos como ese uno descubre si de verdad tiene una brújula interna bien calibrada, si es capaz de tomar decisiones difíciles sin perder la humanidad. Quedé devastado durante semanas tras esa decisión. Intentaba disimularlo para no transmitir flaqueza, pues sabía que, si un colaborador percibe debilidad en el líder, difícilmente realizará su tarea con convicción y, por ende, con excelencia.

Otra experiencia clave fue la implementación de un nuevo modelo organizacional regional. El cambio era necesario, incluso urgente, pero de forma inevitable despertó resistencias. Recibí críticas, rumores, incluso algunas traiciones, una dinámica habitual en corporaciones de gran tamaño, donde la política interna a menudo emerge en algunos líderes como estrategia de supervivencia y progreso.

Entendí entonces que liderar no es agradar. Que el liderazgo verdadero no se mide en aplausos, sino en la capacidad de sostener el timón en medio del oleaje logrando resultados sostenibles. De mantener la serenidad cuando lo más fácil sería ceder. De tomar decisiones difíciles sin sacrificar los principios. Mi compromiso era entregar los resultados del presupuesto sin importar las circunstancias; esto exigió una gran flexibilidad, agilidad y, en ocasiones, lo que podría parecer una contradicción: la improvisación estratégica.

CAPÍTULO V | LIDERAZGO

No todo fue tensión y vértigo. También viví momentos de gran satisfacción: ver crecer a jóvenes talentos que promovimos y que luego brillaron con luz propia; integrar unidades de negocio con culturas distintas y hacerlas funcionar como un sólo equipo; abrir nuevos mercados y posicionar marcas que, al inicio, parecían destinadas al fracaso. Esos logros no fueron reconocidos en cada ocasión con premios ni con títulos rimbombantes.

Pero el mayor reconocimiento, para mí, fue el invariable respeto silencioso de quienes compartieron el camino. Ese tipo de respeto que no se pide ni se impone, sino que se gana, paso a paso, con hechos consistentes.

Hoy, al mirar atrás, no veo una carrera perfecta. Veo un camino lleno de lecciones. Algunas dulces, otras amargas. Todas necesarias. Se asemeja a un campo de golf de dieciocho hoyos, plagado de trampas, lagunas y obstáculos. Incluso para los profesionales, hay hoyos muy desafiantes y otros excepcionales. Lo relevante es el *score* final: si la suma de los dieciocho hoyos es satisfactoria en función del talento que uno lidera, sin importar cuántas veces la bola cayó en el agua o en una trampa, el resultado global es lo que verdaderamente cuenta. La suma de esos momentos, malos y sublimes, es lo que define el camino.

Perspectiva de dueño

Durante mi vida profesional, logré consolidar una visión clara sobre la diferencia entre ser dueño-accionista y ser empleado. Son dos perspectivas distintas. Aprendí a cuidar el negocio con el mismo criterio que si fuera el dueño. Esto me ayudó a identificar prioridades para la salud patrimonial de la empresa y, en consecuencia, de todos sus *stakeholders*: accionistas, empleados, proveedores, y clientes. Cuando se actúa por copiar tendencias sin un análisis profundo, se puede generar un daño significativo. Al final, en la práctica profesional y personal, somos el resultado de nuestras acciones, no sólo de las de los demás.

Me preocupo cuando escucho a algún líder intentar convencer a su audiencia de que puede emular a figuras como Jobs, Gates o Musk. Ellos tienen un gen diferente y especial, un tipo de visión que les permite construir o adaptar modelos de negocio pioneros y disruptivos. La inmensa mayoría de nosotros operamos con un coeficiente intelectual estándar, y la verdadera diferencia la harán la dedicación, la actitud y la disciplina con la que construyamos nuestras habilidades. En este camino, intentar emular a otros sólo lleva al desgaste y la frustración.

Sin importar el rol que desempeñemos, el concepto de la toma de decisiones tiene implicaciones profundas. En el momento en que elegimos hacer algo, estamos, al mismo tiempo, tomando la decisión de no hacer un montón de otras cosas. El sólo hecho de tomar una decisión implica las consecuencias de no haber elegido otra. A veces miramos hacia atrás y nos preguntamos qué habría pasado si hubiéramos hecho algo diferente, pero este ejercicio sólo nos consume energía en la construcción de realidades virtuales que

CAPÍTULO V | LIDERAZGO

no pueden probarse. Por lo tanto, el pragmatismo es un buen consejero... y estar satisfecho con la sumatoria de las decisiones que tomas a lo largo de tu vida es quizá lo más relevante.

Cuando uno ocupa una posición jerárquica superior y tiene acceso a privilegios que no podría tener con capital propio, debe aprender a actuar con sensatez y prudencia. Lo primero es estar consciente de que esos privilegios son efímeros para no sentirse infeliz cuando ya no estén. Es importante que la familia nuclear esté alineada a esta visión para no malacostumbrarse a beneficios que quizá en el futuro no puedan sostenerse. Por supuesto, existe la posibilidad de construir negocios propios de forma lícita y sin conflicto de intereses. Cuando sales de una posición jerárquica superior, por cualquier motivo, la pérdida de "amigos cercanos de ocasión" es casi inmediata, y la del brillo o protagonismo es instantánea. Hay que estar preparado mentalmente para ello, para minimizar las frustraciones y adaptarse sin dolor a la nueva realidad.

Mal haría en ser selectivo al nombrar a los colegas brillantes con los que crecí de forma profesional, porque el riesgo de omitir a alguien es demasiado alto. Podría mencionar a mi gran amigo financiero suizo, con quien logramos resultados sobresalientes en varios países donde coincidimos... o al director de comunicaciones en mi segunda estadía en Bogotá, con quien me comunicaba casi por telepatía. No puedo olvidar a la extraordinaria profesional de Supply Chain Management colombiana, quien también fue líder en

Australia, una visionaria sin igual. Durante los cinco años que viví en Suiza, en medio de una diversidad sin par, tuve el privilegio de trabajar con un jefe mexicano que, además de ser sumamente competente (y tocar muy bien la guitarra), me enseñó a navegar —o mejor dicho, a surfear— la compleja burocracia de las grandes corporaciones. Recuerdo con gratitud a mis jefes suizo y catalán de mi primera estadía en Colombia, y a mi colega y amigo colombiano, un excelente portero de fútbol. Guardo con especial cariño a mis amigos de informática, argentinos y brasileños, con quienes, además de liderar proyectos de gran envergadura, construimos una amistad sólida y duradera, así como al comité de dirección de Brasil, con quienes logramos éxitos impensables en la tercera operación más relevante de la empresa a nivel global. También están la colega que me transformó al hacerme apreciar la verdadera relevancia de la comunicación; la directora del negocio de lácteos, una profesional de carácter y visión inigualables; y tantos otros, desde el director legal en Brasil hasta el líder de Recursos Humanos en Colombia. Todos ellos, además de ser líderes en sus especialidades, son seres humanos con valores y principios intachables. Podría escribir páginas enteras sobre todos y siempre faltaría alguien. Por eso, mi más profunda admiración, consideración y respeto para todos y cada uno de ellos, tanto para los que mencioné como para los que omití.

CAPÍTULO V | LIDERAZGO

Improvisación estratégica

Durante buena parte de mi carrera asumí que todo podía planificarse a detalle. Creía que el orden riguroso y el control absoluto me garantizarían buenos resultados tanto en el trabajo como en la familia. Esa mentalidad se traducía en mapas milimétricos, análisis exhaustivos y previsión permanente. Sin embargo, rápidamente descubrí que ese exceso de planificación, lejos de brindar seguridad, me generaba más ansiedad y me dejaba sin espacio para lo inesperado.

Comprendí que la flexibilidad no es signo de debilidad, sino de madurez: una forma de inteligencia adaptativa que permite navegar la incertidumbre con templanza.

Recuerdo un momento que ilustró este aprendizaje. Lideraba la operación de una filial en medio de una grave crisis de credibilidad. Contábamos con un plan detallado, revisado por expertos y aprobado por la junta directiva. Sin embargo, a los pocos días, estalló un conflicto sindical cuya magnitud nadie había previsto. De la noche a la mañana, nuestra hoja de ruta fue irrelevante. Al principio me resistí: me sentía como un náufrago aferrado a un trozo de madera en medio de la tormenta. Mi reacción inicial fue insistir en el plan a toda costa, pero pronto comprendí que esa rigidez sólo profundizaba el problema. Decidí reunir al equipo, exponer la nueva realidad y, sin dilación, replantearnos las prioridades. Escuchamos de manera activa a todas las partes, ajustamos plazos y reformulamos metas con valentía. Fue incómodo y desgastante, pero, paradójicamente, ese ejercicio de soltar el control férreo se convirtió en uno de los actos de liderazgo más sólidos que viví: descubrí que la serenidad no es falta de turbulencia, sino la decisión de no dejarse arrastrar por ella.

Años más tarde, mi capacidad de adaptación volvía a ponerse a prueba en otro contexto: una filial de la compañía en Brasil sumida en crisis reputacional, estructural y operativa. Llegué con la confianza de la organización y un historial de éxitos, pero advertí que las estrategias que habían funcionado hasta entonces —planes meticulosos, estructura de control y comunicación visible— no servían allí. La cultura interna estaba fragmentada, las relaciones con proveedores y clientes se habían deteriorado, y la presión mediática era feroz.

En lugar de intentar "demostrar liderazgo" de inmediato, opté por un gesto que resultó contraintuitivo: me retiré de la atención pública y me dediqué a escuchar a fuentes internas y externas durante meses. Me alejé de los micrófonos y los *flashes*. Entonces, con un pequeño grupo y cercano, me di a la tarea de recopilar información con paciencia: conversé sin defensas con empleados, proveedores, clientes y hasta con competidores (con los protocolos aprobados). Más allá de datos o diagnósticos escritos, me concentré en percibir emociones, narrativas y temores bajo la superficie.

A partir de esa escucha, trazamos una ruta distinta: menos ambiciosa en promesas, pero más orgánica y humana. Paso a paso, sin grandes anuncios, comenzamos a recuperar poco a poco la credibilidad,

CAPÍTULO V | LIDERAZGO

consolidar la operación interna y reposicionar la oferta en el mercado. Trabajamos en reconstruir la confianza con pequeños gestos: reconocer errores públicamente, ajustar términos de contrato con proveedores y apuntalar la cultura interna con comités mixtos de diálogo, donde nadie sintiera que su voz era irrelevante. Con el tiempo, esa estrategia "silenciosa" rindió frutos: la filial no sólo salió de la crisis, sino que se convirtió en un referente de innovación en varias categorías, algo que en un principio parecía imposible.

Esos dos episodios cruciales, el conflicto sindical y la crisis brasileña, me enseñaron que improvisar no equivale a actuar sin rumbo; al contrario, es saber redibujar el mapa con los recursos y la información disponibles. Adaptarse no significa resignarse, sino elegir de manera consciente el mejor curso de acción frente a lo imprevisto. Descubrí que el liderazgo no sólo se mide por la visión que proyectamos cuando todo marcha bien, sino por la serenidad y la claridad con que respondemos una vez que los planes fallan de forma estrepitosa.

Una de las experiencias que me generó mayor tensión emocional fue una reunión con los inversionistas de la empresa. Eran representantes de diferentes fondos globales, cuya inversión superaba el billón de dólares a título individual. La reunión se llevó a cabo en Boston y duró tres días, con diálogos en plenaria y sesiones individuales, tanto formales como informales. Era un entorno de alta exigencia, donde la agilidad mental, el conocimiento, la adaptabilidad a diferentes foros y la confianza eran imprescindibles.

La líder financiera global de la empresa, una mujer brillante y orientada a resultados, preguntó a los colegas que íbamos a participar en las sesiones plenarias: "¿Quién se atreve a que suene una fanfarria antes de que anuncien su nombre?" Creí que era una broma y fui el único que aceptó. Para mi sorpresa, cuando llegó el momento de mi presentación ante cerca de una centena de participantes, sonó la música a todo volumen. Sentí un bochorno inmediato y se me calentó la cara, pero no sé de dónde saqué la fuerza para recomponerme. En ese instante, supe que no podía ceder al miedo. Me obligué a superar la vergüenza y, con el rostro aún sonrojado, di una buena presentación en inglés, un idioma que no domino como lengua materna (a diferencia de mis hijos).

Fueron tres días de gran tensión, pero fue una de las reuniones que más me hizo crecer. Al final, la satisfacción superó con creces el nerviosismo inicial. Cuando terminó, tomé un vuelo de diez horas y dormí casi todo el trayecto. Estaba muy cansado, pero también satisfecho y con la autoestima en alto, sabiendo que fui capaz de enfrentar un desafío inesperado y salir fortalecido.

Hoy sigo valorando la preparación y la estrategia, pero con una determinación renovada por cultivar la apertura a lo inesperado. En el ámbito de los negocios, se valora y, a la vez, se banaliza la dimensión "estrategia", que sin una ejecución impecable, carece de valor.

Con cada giro imprevisto, respiro de manera profunda y recuerdo que el equilibrio no está en aferrarse al plan original, sino en caminar con integridad y

CAPÍTULO V | LIDERAZGO

sabiduría hacia lo que es. Ese es, a mi juicio, uno de los rasgos más reveladores de quien asume el timón en tiempos de tormenta.

La decisión que se toma hoy, en cualquier ámbito de negocio, impacta en el corto, mediano y largo plazo. Lograr ese equilibrio no es fácil, dado que los tiempos y las expectativas de los *stakeholders* son igualmente relevantes. Por ejemplo, una decisión crucial a fin de año no tiene el mismo impacto en los resultados que la misma al inicio del período. No existe una solución "*one size fits all*".

Un acto de escucha y actitud

Creo que la inteligencia, si bien es un don valioso, es sólo una parte de la ecuación. La verdadera diferencia en el liderazgo la marcan la escucha, que es una elección consciente, y la actitud, que es algo que se construye día a día.

Una de las labores más esenciales en la vida es la de escoger las batallas. Es un reto permanente, tanto en lo personal como en lo profesional. Querer abordar todos los desafíos, además de un desgaste innecesario, puede ocasionar daños colaterales no deseados. Entendí, no sin dificultad, que como ser humano, emocional por naturaleza, no podía involucrarme en todo, sino que debía seleccionar con sentido el tamaño del reto y su impacto. Para avanzar, es fundamental tener aliados y un equipo basado en la confianza y el conocimiento. Sólo así podemos transitar esta jornada llena de altibajos, intentando que sea lo más agradable posible.

Viví un ejemplo de esto con un director de ventas, un líder nato y un experto confiable en la obtención de resultados, capaz de conectar con todos los *stakeholders*. El negocio era excelente y los integrantes del equipo, cada uno en su especialidad, eran profesionales excepcionales. Pero el director de ventas tenía la tendencia a exceder los presupuestos de gastos, lo cual incomodaba a algunos miembros de la organización. El reto era cómo encauzar a este extraordinario profesional sin impactar negativamente en su influencia.

El camino tradicional habría sido llamarle la atención basándose en las reglas, incluso enviar una auditoría, lo que quizá hubiera tenido resultados indeseables. Decidí optar por una conversación franca. Aunque tomó varios meses lograr su alineamiento, al final se resolvió. Quizá los gastos siguieron un poco por encima de lo presupuestado, pero eliminamos un riesgo de daño mucho mayor a la organización. Entender el contexto y sus implicaciones a corto, mediano y largo plazo es una labor esencial para cualquier líder.

También me di cuenta de que, en la toma de decisiones, la búsqueda de un análisis del 100% es un lujo que rara vez podemos permitirnos. En un mercado competitivo, el tiempo es un factor crítico. Por eso, los líderes deben aprender a equilibrar la experiencia y algo de intuición, actuando con convicción incluso cuando la información es incompleta. La autoestima y el autocontrol juegan un papel crucial en este camino. En las relaciones personales y profesionales, es vital no dejar de ser uno mismo, ya que eso genera un gran malestar interno.

Recuerdo una vez en particular, liderábamos un país que, de manera inesperada, se vio afectado por una huelga nacional de casi dos meses. El entorno de toda la operación se arruinó y los flujos para mantenerla funcionando de la manera usual se volvieron insostenibles. Era un panorama muy difícil y los más de 2,000 empleados, comenzando por mí como líder, tuvimos que afrontar la situación con creatividad, inteligencia, solidaridad y ética, entre otros valores. Así, la organización se alineó rápidamente a través de una comunicación asertiva sobre la situación de la empresa y las expectativas reales que existían. De ahí surgió la expresión "sin mentiras ni milagros", con la que logramos transmitir que se venían tiempos muy difíciles, y que tendríamos que adaptarnos con rapidez a la nueva realidad y sacar adelante el negocio. Lo logramos, en parte, porque le contamos la verdad a la gente y le hicimos entender que el éxito dependía de todos.

Cada persona es un mundo, ponerse en el lugar de los demás es un ejercicio de empatía que a menudo olvidamos, pero que es fundamental para entender las posiciones y opiniones de otras personas. En ese sentido, la habilidad de conectar con los líderes correctos es un desafío relevante y requiere formación. Pero es un desafío que tiene el potencial de marcar una gran diferencia en el desarrollo profesional, siempre y cuando no claudiquemos en nuestros principios. A lo largo de mi vida, en muchas ocasiones, he concluido que "menos es más", tanto en el ámbito personal como en el profesional. Y es en esa simplificación, en esa búsqueda de lo esencial, donde el liderazgo encuentra su fuerza.

El péndulo de la polarización

No sin dificultad, he observado cómo algunas agendas mundiales, al igual que la globalización en su momento, se convierten en temas polarizadores. Hoy en día, agendas como la del movimiento *woke* han sido adoptadas por algunas empresas, generando daños a su patrimonio y a sus *stakeholders*. El tema de la diversidad, por ejemplo, aunque está comprobado que la participación de las mujeres y de minorías genera una ventaja competitiva en ventas y rentabilidad, sigue encontrando resistencia. Y en Latinoamérica, debido a nuestro pasado cultural tan machista, el avance de la equidad de género ha sido más lento. Esa dimensión del sesgo inconsciente, integrado en nuestra manera de pensar por la observación, la formación y la educación, es un tema muy complejo de igualar. Aún hoy escucho a estadistas reconocidos con opiniones desesperanzadoras sobre este tema. En contraste con muchas industrias, en el negocio de la moda, la remuneración de la mujer suele ser superior a la de los hombres, es un tema sensible y complejo que merece un libro aparte.

Asimismo, hay extremos que me resultan difíciles de digerir, como el cambio de sexo en menores de edad o permitir la participación de varones transgénero en

CAPÍTULO V | LIDERAZGO

competencias deportivas de mujeres. El fomento del lenguaje inclusivo también me es difícil de justificar por su relevancia.

Por otro lado, la igualdad salarial, aunque deseable, es difícil de implementar de forma estricta porque los negocios, por sí solos, no suelen generar el retorno necesario. Las ligas profesionales de fútbol, por ejemplo, pagan más a sus jugadores porque sus ingresos se lo permiten, mientras que el fútbol femenino, aunque crece con rapidez, todavía no ha alcanzado los flujos de caja que le permitirían una retribución similar. Sin embargo, es importante reconocer que esta brecha salarial es un problema sistémico. No se ha invertido en el fútbol de mujeres lo mismo que en el de hombres a lo largo de la historia, lo que les ha dado a ellos una ventaja significativa en este y en muchos otros sectores.

Deseo que un día se logre la equidad, pero es un camino que requiere tiempo y un cambio cultural profundo. La paridad salarial depende de múltiples factores y no es un problema de una sola dimensión.

Me temo que todo este "empuje" simultáneo, apoyado por algunos políticos e impulsado por intereses globales no siempre evidentes, impacta de forma negativa un porcentaje de la población global de mentalidad más tradicional. Esto ha permitido el ascenso de algunos líderes que se encuentran en el otro lado del péndulo, generando una sociedad occidental cada vez más polarizada, especialmente en los últimos años.

Todavía existen viejos estereotipos que nos encasillan en "izquierda" o "derecha", en "progresista" o lo que sea, sólo para desacreditar al prójimo. No sé cómo puede resolverse esta polarización; tal vez con nuevos liderazgos o modelos de funcionamiento del Estado. La simpleza dañina para encasillar opiniones es en verdad despreciable. Este encasillamiento, que continúa vigente en muchos casos como manera de desacreditar, es además una buena manera en que los líderes logran distraer la atención de las masas, enfocándolos en los temas que a los gobernantes les interesan, que no necesariamente están en sintonía con las necesidades de la población. Es la historia de la humanidad, *per se*.

¿Quién diría hoy que China, un gigante asiático y global dirigido por un partido centralizado, tiene en muchos casos, en el área de desarrollo de negocios, políticas aún más liberales que en el mundo occidental? Es un tema polémico, sin duda, pero no por ello deja de ser una manera práctica de gestionar un estado. ¿Cómo podríamos llamar a esto comunismo en un sentido estricto? Para mí, es una misión imposible, entendiendo que no soy un experto, sino todo lo contrario, en políticas públicas y menos en la gobernanza de países. El modelo chino ha probado con éxito la conversión a clase media de más de 400 millones de personas en 30 años, ninguna democracia logró algo similar de manera numérica y porcentual.

De manera inquietante, la antigua frase de Juvenal (60-128), "pan y circo", sigue siendo una descripción precisa de la sociedad actual. En su origen, señalaba cómo el pueblo romano renunciaba a su deber cívico a cambio de distracciones y necesidades básicas provistas por el gobierno. Hoy en día, esa estrategia

CAPÍTULO V | LIDERAZGO

continúa aplicándose por gobiernos y poderes fácticos de cualquier tendencia política. Mezclada con un populismo insano, esa táctica busca desviar la atención de los problemas reales que enfrenta la sociedad, manteniendo a la población dócil y entretenida mientras los desafíos fundamentales como la desigualdad y la falta de oportunidades persisten sin una solución real.

En este contexto, no faltan quienes apelan al sacrificio colectivo. En determinadas situaciones, las acciones o decisiones de muchos líderes implican tácitamente la consigna de "Hagamos un sacrificio todos ustedes", un cinismo consumado que resume su doble discurso: exigir esfuerzo al pueblo mientras ellos mismos se resguardan en la comodidad de sus privilegios. Esa incongruencia erosiona la confianza y perpetúa el desencanto ciudadano, debilitando el sentido mismo de comunidad y responsabilidad compartida.

El cambio climático es otra discusión global. Apoyado por muchos y negado por otros, se ha convertido en un tema de debate con o sin estudios científicos. No sé si fenómenos como el deshielo, el aumento de las lluvias o las sequías son parte de la historia natural del planeta; pero sí sé que nunca ha habido tantos habitantes —8,000 millones— que alimentar, y que generamos basura, desperdicio y un consumo de energía cada vez mayor. La búsqueda de estos recursos, para sostener nuestra civilización, genera, una vez más, la pugna y la tensión geopolítica entre los titanes globales, que intentan quedarse con la mejor y más duradera porción del pastel. De ahí el intervencionismo de las potencias en los países con recursos relevantes y la casi apatía hacia aquellas naciones que, aun necesitando ayuda, no tienen los recursos o la ubicación geográfica que justifique su atención.

Cuando pensamos en la desigualdad global, las cifras son contundentes: hoy unas 2.1 mil millones de personas no tienen acceso a agua potable en sus hogares[5], mientras que alrededor de 733 millones enfrentaron hambre en 2023[6]; además, cerca de 32% de la población mundial sigue desconectada de Internet[7]. Estas realidades —y el hecho de que el acceso a la educación superior siga siendo muy desigual entre países— hacen imposible no sentir una profunda gratitud por pertenecer al grupo que sí disfruta de vivienda digna, alimentación suficiente, agua, conectividad y oportunidades educativas. Deseo que esas brechas se reduzcan de manera sustantiva: avanzar en ello ayudaría a mitigar la polarización y las fracturas que hoy vemos en el planeta.

Resulta, además, inquietante la reaparición de movimientos autoritarios que han desencadenado conflictos y sufrimiento en el pasado; por eso debemos valorar lo que tenemos y trabajar para que más personas puedan alcanzar un nivel de vida justo y digno.

---

5   "Progress on household drinking-water, sanitation and hygiene 2000-2024: Special focus on inequalities". World Health Organization. 2025.
6   "Hunger numbers stubbornly high for three consecutive years as global crises deepen: UN report". World Health Organization. 2024.
7   Petrosyan, A. "Worldwide internet user penetration from 2014 to July 2025". Statista. 2025.

CAPÍTULO V | LIDERAZGO

Mi intención al abordar estos temas no es tomar una postura, sino reflexionar sobre la complejidad del mundo actual. El liderazgo hoy exige una mirada que vaya más allá de los extremos, una capacidad para observar sin caer en dogmas y una disposición a entender que la realidad es más matizada de lo que a veces nos quieren hacer creer.

Encontrando sentido en el trabajo

En los últimos años de mi carrera profesional, comencé a mirar mi trayectoria con una lupa distinta. Las metas cumplidas, los logros, los tropiezos, incluso los momentos de euforia o de duda... todo comenzó a reorganizarse bajo nuevas preguntas: ¿qué huella estoy dejando? ¿Tiene sentido lo que he hecho más allá de los resultados?

Fue entonces cuando retomé el concepto japonés del Ikigai, que propone encontrar ese punto de intersección entre lo que amas, lo que sabes hacer bien, lo que el mundo necesita y aquello por lo que te pueden pagar. Aparentemente simple, esta filosofía se convirtió para mí en un lente poderoso para reinterpretar mi camino. Me permitió entender que el éxito no está sólo en los títulos obtenidos ni en los objetivos alcanzados, sino en vivir alineado con algo más profundo que oriente nuestras acciones.

El trabajo fue para mí una fuente de retos intelectuales, estabilidad económica y reconocimiento. Sin embargo, desde un inicio no fui consciente por completo del "para qué" más esencial detrás de mis decisiones. En aquel momento, el foco estaba en los resultados, las métricas, los indicadores. Con el tiempo entendí que esos elementos, aunque relevantes, no bastan para brindar plenitud.

El *Ikigai* me impulsó a reorganizar mis prioridades y a redefinir lo que de verdad importa. Me invitó a alinear mis talentos con mis valores, a conectar lo aprendido con las necesidades del entorno y a actuar desde un deseo más genuino de contribuir. Empecé a preguntarme si las decisiones que tomaba, los proyectos que lideraba o las personas que promovía estaban en sintonía con una razón de ser que trascendiera lo inmediato y, a la vez, se alineara con el propósito estratégico del negocio. Lejos de suponer una renuncia a la ambición o la excelencia, este cambio de perspectiva le dio a mi carrera una dirección más balanceada: valorar los espacios donde podía generar impacto positivo, cimentar relaciones significativas y fomentar el desarrollo de otras personas.

No creo que esa brújula interior sea algo estático. Tal vez su esencia permanezca, pero su forma evoluciona. Se transforma a medida que nos conocemos mejor, que entendemos que no somos islas, sino parte de una estructura mucho más amplia.

Hoy sé que dar sentido al trabajo no implica llegar a un punto final, sino comprometerse con una búsqueda constante, en la que se aprende, se ajusta y se crece. A veces me pregunto si he logrado dejar una huella con un sello personal para mi familia y para quienes me rodean. Sigo en ese proceso. Todavía intento comprender cuál es esa fuerza que me permite,

CAPÍTULO V | LIDERAZGO

como dicen los franceses, *être bien dans ma peau* (sentirme bien en mi piel). Quizá la pregunta clave sea: ¿qué pierde mi entorno si yo desaparezco? Este tema tan esencial ha sido también banalizado y manipulado por algunos. Pero, luego de años de negación, se ha convertido para mí en una luz al final de un túnel largo y complejo. No una luz mágica ni definitiva, sino una claridad que crece con cada experiencia vivida y cada reflexión honesta. Recuerdo haber escuchado en un curso dos preguntas que me impactaron: *¿En quién me debo convertir para morir en paz? ¿Qué tengo que lograr para morir completo?* No son preguntas fáciles, pero sí poderosas. Me ayudaron a validar que este propósito no es una frase bonita ni un deseo abstracto, sino una construcción realista y alcanzable, que se nutre de nuestras decisiones cotidianas, nuestros valores y nuestras vivencias. Como dijo Paulo Coelho: "Volví a sentir unas inmensas ganas de vivir cuando descubrí que el sentido de mi vida era el que yo le quisiera dar". Esa frase resume bien lo que hoy creo: buscar esa dirección —aunque tambalee, aunque se oculte tras el ruido de lo cotidiano— nos convierte en protagonistas de nuestra historia. Y cuando la encontramos, el trabajo deja de ser sólo una obligación y se transforma en una forma de habitar el mundo con mayor conciencia y hasta satisfacción.

A mi entender, el trabajo productivo es una responsabilidad de cada ser humano, independientemente de su origen, cultura, religión o nivel jerárquico. Para la mayoría, es la fuente de ingreso más común en el mundo occidental. En algunos momentos de mi vida, me lo tomé demasiado en serio, poniéndolo en el tope de mis prioridades, incluso por encima de la familia, los amigos y la salud. Si bien eso me ayudó a escalar posiciones con mayores responsabilidades, mayores ingresos y una mejor calidad de vida, con el tiempo entendí que no se debe sacrificar la salud, la espiritualidad y la familia. La analogía de las cinco pelotas puede ser de gran utilidad: la única pelota de caucho, que rebota si la dejas caer, es la del trabajo; las otras —la familia, la salud, las relaciones y la espiritualidad— son de cristal, y si se rompen, es casi imposible reconstruirlas sin un gran esfuerzo, tiempo y dedicación. Por eso, es esencial priorizar de manera inteligente y asumir el trabajo con esfuerzo, dedicación e integridad, pues sin ello es difícil lograr equilibrios de vida aceptables.

Quizá uno de mis logros profesionales más relevantes fue apoyar el desarrollo de personas. Este fue un esfuerzo mutuo, en el cual fui testigo de cómo, con el tiempo, colegas y colaboradores forjaban carreras profesionales excepcionales y se consolidaban como seres humanos de bien.

Creo que el verdadero éxito del liderazgo radica en este efecto multiplicador: cada uno de ellos, con sus valores y principios, ha impactado de manera positiva en su entorno. Verlos crecer y alcanzar su máximo potencial es una de las mayores recompensas. Es un recordatorio de que el liderazgo más significativo no se mide por las metas alcanzadas por uno mismo, sino por el talento y el carácter que ayuda a florecer en los demás.

CAPÍTULO V | LIDERAZGO

Construyendo un legado trascendente

Durante mucho tiempo, cuando escuchaba la palabra "patrimonio", mi mente se iba de inmediato a lo material: casas, cuentas, inversiones, bienes que uno puede acumular y dejar en herencia. He comprendido que el verdadero patrimonio es mucho más amplio. No se trata sólo de lo que se posee, sino de aquello que realmente enriquece una vida y puede, con suerte, enriquecer también las de los demás.
Hoy pienso en el patrimonio como un conjunto de cuatro pilares:

1. Valores
2. Salud
3. Relaciones
4. Conocimiento

Cuatro cimientos que, bien cuidados, nos sostienen incluso cuando lo material falla. He intentado, con mayor o menor éxito, construir un legado que vaya más allá de lo monetario. Un legado que mis hijos, nietos, amigos, colegas (incluso personas que no conoceré) puedan reconocer no sólo en lo que dejé, sino en cómo viví.

Los valores, para mí, son el núcleo de ese legado. Integridad, honestidad, empatía, responsabilidad y compromiso con todos los *stakeholders*, garantizando que lo que se ofrece (tanto material como intangible) se cumpla. Son palabras que pueden parecer abstractas, pero que se hacen reales en cada decisión, en cada conversación difícil, en cada acto de generosidad o valentía. Fui tentado por actores con principios dudosos, quienes me ofrecieron beneficiarnos a través de transacciones, la mayoría de ellas intangibles, y por ende, difíciles de detectar por las unidades de auditoría y cumplimiento. Resistí a todas, a pesar de que aprovecharme de mi posición jerárquica quizá no habría ocasionado daños de mediano y largo plazo al patrimonio de la empresa. Pude haber resuelto la seguridad financiera de tres o cuatro generaciones de mis descendientes. Sin embargo, me negué, siento que esta fase de integridad es el legado más relevante que puedo dejarle a mi familia. No me arrepiento de esa decisión, todo lo contrario; la paz conmigo mismo es invaluable. No es fácil vivir de acuerdo con estos principios, pero he aprendido que son la brújula más confiable que uno puede tener, en especial cuando el camino se vuelve incierto.

La salud, a menudo subestimada hasta que se pierde, es también parte esencial del patrimonio. No sólo la salud física —aunque esta sea fundamental— sino también el equilibrio emocional y mental. He entendido que no basta con "estar bien" para uno mismo: también debemos procurar que quienes amamos vivan con plenitud, pues ahí se refleja nuestra capacidad de cuidar, acompañar y sostener.

Las relaciones humanas son, quizá, el activo más valioso de todos. La familia, los amigos, los mentores, los equipos de trabajo: cada vínculo ha sido una inversión de tiempo, atención y afecto. Algunas relaciones han perdurado hasta hoy, otras han sido fugaces pero

CAPÍTULO V | LIDERAZGO

significativas. En todas, he encontrado lecciones que me han ayudado a crecer. Hoy puedo decir con certeza que nada me ha enriquecido tanto como los seres humanos que me han rodeado. Aprendí que la comunicación y el diálogo son clave para lograr esta armonía. Y a pesar de los años, me sigo equivocando, menos que antes, pero me sigo equivocando.

Finalmente, el conocimiento: ese patrimonio que no se devalúa ni se pierde, que puede multiplicarse al compartirlo. La curiosidad ha sido una constante en mi vida. La búsqueda de respuestas, la formulación de mejores preguntas, el explorar la dimensión trascendente de la existencia me genera una fuente de gozo y de profunda humildad.

También he sido testigo de la voracidad humana. Esa insaciable búsqueda de acumular más, de maximizar el retorno sobre el capital invertido, sin importar las consecuencias. Contaminación, destrucción de la naturaleza, tráfico, viajes excesivos... La mayoría, al final, volvemos a las prácticas que creemos nos ofrecen el mejor beneficio económico. Es la interminable historia de la humanidad: lo que tenemos rara vez es suficiente. Pero hay excepciones. Mi deseo es que ese segmento crezca y sirva como contrapeso, para lograr un equilibrio más razonable frente a las tendencias extractivas y sin retorno que aumentan el riesgo de nuestro planeta y nuestra existencia.

Este tipo de patrimonio no se transfiere en escrituras notariales ni se mide en balances financieros. Se transmite con el ejemplo, con las palabras, con la presencia. Se construye todos los días, en los detalles, en la coherencia entre lo que se dice y lo que se hace. Y aunque no tiene precio, tiene un valor inmenso.

Hoy, al mirar lo recorrido, entiendo que construir un legado trascendente no es dejar un monumento, sino sembrar semillas de confianza, amor, conocimiento, integridad, responsabilidad y dignidad. Ojalá, cuando ya no esté, esas semillas sigan dando fruto en las vidas de quienes he querido.

Las palabras de mi padre, "no te vas a llevar nada de esta vida", resuenan en mí como un desafío a ser humilde, agradecido y a vivir el presente con plenitud. Ese pensamiento se complementa con el de un amigo colombiano, quien solía decir: "no quiero ser el más rico del cementerio." Y, sin embargo, me doy cuenta de cuántas veces he actuado, y sigo actuando, como si fuera a estar aquí para siempre, acumulando bienes, rencores y preocupaciones.

Al final, todo queda atrás con la muerte. Una vida bien vivida no se mide tanto por lo que se posee, sino por lo que se comparte, por lo que se ama de verdad y por el legado que se deja en nuestro ecosistema.

§

A lo largo de estas páginas he intentado plasmar no sólo los momentos clave de mi trayectoria profesional, sino también las preguntas, búsquedas y convicciones que han moldeado mi manera de estar en el mundo. En ese trayecto, la adaptación y la resiliencia han sido clave. Su presencia no fue inmediata, pero aprendí a cultivarlas en el camino, sobre todo en los momentos de mayor incertidumbre. Y si

CAPÍTULO V | LIDERAZGO

hubo un período que puso a prueba esas capacidades en todos nosotros, fue sin duda la pandemia de COVID-19. Para mí, como para tantos otros, la pandemia no fue sólo una crisis sanitaria global. También fue un espejo que nos obligó a detenernos, mirarnos con honestidad y replantearnos muchas de las certezas que dábamos por sentadas. A nivel personal, profesional y colectivo, emergieron preguntas incómodas pero necesarias: ¿Qué tanto control tenemos realmente sobre nuestra vida? ¿Qué valores nos guían cuando todo se tambalea? ¿Qué tipo de sociedad queremos reconstruir una vez que pase la tormenta?

En el capítulo final, me propongo reflexionar sobre un tiempo suspendido que nos obligó a vernos en el espejo. Fue un período que cambió tanto en tan poco... revelando no sólo las luces y sombras de la condición humana, sino también las lecciones valiosas que surgieron de la introspección.

Este capítulo es una invitación a mirar las distintas facetas de ese reflejo: la fragilidad de nuestra existencia, la reevaluación de nuestras prioridades y el aprendizaje constante que nos ofrecen los otros y el pasado, para así construir un futuro más consciente y humano.

Capítulo VI

ESPEJOS

"Lo que ves en mí vive también en ti."

— S̲o̲r̲ J̲u̲a̲n̲a̲ I̲n̲é̲s̲ d̲e̲ l̲a̲ C̲r̲u̲z̲

CAPÍTULO VI | ESPEJOS

De manera constante, la vida ofrece espejos que revelan no sólo lo que nos rodea, sino aspectos de quienes somos. Algunos de esos espejos aparecen en los momentos de crisis; otros, en las personas que nos rodean; y algunos más, en el reflejo del pasado que no deja de susurrarnos. La pandemia de COVID-19 fue uno de esos espejos, a escala global, que alteró de forma radical nuestra cotidianidad. De repente, los ritmos habituales se detuvieron, las certezas se desdibujaron y el futuro se tornó incierto. Esa pausa inesperada y desestabilizadora forzó a millones de personas a una profunda revisión interna, a cuestionar sus prioridades y a reevaluar lo verdaderamente esencial cuando lo conocido desapareció.

En mi caso, el encierro forzado se convirtió en una pausa inesperada, pero necesaria. No fue sencilla: trajo consigo ansiedad, insomnio, preguntas sin respuestas. El ruido externo fue reemplazado por el eco de mis pensamientos, que hasta entonces se mantenían escondidos bajo el ritmo vertiginoso del hacer. Por primera vez en décadas, tuve el tiempo —y el espacio mental— para detenerme... para observar los días sin apuros, para escuchar sin interrupciones, para registrar lo que solía pasar inadvertido.

Esa inmovilidad aparente terminó siendo un terreno fértil. Me enfrentó a temas postergados, a conversaciones internas que llevaba evitando desde hacía años. Y me hizo volver la mirada hacia lo fundamental: el afecto sincero, la salud física, emocional y espiritual, el valor de un techo, de una mesa compartida, de un abrazo añorado.

Pero los espejos no sólo surgen del silencio. A veces se manifiestan en quienes tenemos cerca: en los hijos, la pareja, los colegas, incluso en quienes nos confrontan. Son personas que, sin proponérselo, nos devuelven una imagen clara —y a veces incómoda— de nuestras luces y sombras. Otras veces, es el pasado quien sostiene el reflejo. A través de recuerdos, errores y decisiones que siguen resonando, nos muestra no sólo lo que fuimos, sino lo que hemos llegado a ser.

En este capítulo, presento algunas de las revelaciones y reflexiones que surgieron en medio de aquella pausa global. No son conclusiones definitivas, sino huellas de un proceso en marcha. Son reflexiones que surgieron en medio de lo imprevisible, y que hoy —con un poco más de distancia— cobran una nueva dimensión. Porque el gran desafío, ahora que el mundo ha vuelto a moverse, es no olvidar lo que el silencio, el pasado y los otros nos han enseñado.

La fragilidad de la existencia

Desde el 14 de marzo de 2020, Rocío y yo iniciamos un encierro casi total en nuestro apartamento de la Ciudad de México. Afuera, el mundo parecía desmoronarse en cámara lenta. Cada día, las noticias nos golpeaban con cifras difíciles de asimilar: hospitales colapsados, personal médico desbordado, familias fracturadas por la pérdida de seres queridos. Al final de la pandemia, México cerró con 801,000 muertes de COVID-19 consideradas "excedentarias", es decir, por encima de los fallecimientos previstos según los modelos predictivos sanitarios[8].

Pero detrás de esas cifras devastadoras se escondía una realidad aún más cruda: la politización de la pandemia. Como en muchos otros países, surgieron *netcenters* que difundían información tendenciosa, alimentando el miedo, la confusión y la desconfianza. Teorías de conspiración —algunas claramente absurdas, otras bien estructuradas— encontraron terreno fértil. A pesar de mi convicción por confiar en la ciencia, reconozco que el sistema científico también está atravesado por intereses económicos que,

---

8 Primero Noticias, 26 de julio de 2023.

en ocasiones, distorsionan realidades y le han restado credibilidad.

Lo más preocupante fue el impacto duradero de esa desinformación. En México y en otras partes del mundo, el escepticismo que surgió durante la pandemia llevó a que algunas personas dejaran de vacunar a sus hijos contra enfermedades controladas con anterioridad. El sarampión, por ejemplo, prácticamente erradicado, volvió a aparecer con fuerza, causando muertes evitables. Me sigue asombrando la capacidad de manipulación que ejercen los medios, los líderes comunitarios y las redes sociales sobre casi cualquier tema, y cómo pueden condicionar las decisiones individuales y colectivas.

Ese período sacudió muchas de nuestras ficciones. No fue sólo el colapso sanitario o la parálisis económica lo que nos estremeció, sino la conciencia brutal de que nada está garantizado. Que todo —la salud, el trabajo, la estabilidad, incluso la cercanía de quienes más queremos— puede desvanecerse en cuestión de horas.

Aislados del bullicio habitual, nos vimos forzados a detenernos. A mirar hacia adentro con una honestidad que rara vez permite la rutina. Surgieron preguntas urgentes, incómodas, imposibles de esquivar: ¿Qué permanece cuando todo lo demás se detiene? ¿Qué merece ser rescatado y qué debe soltarse? ¿Qué tan preparados estamos —como individuos y como sociedad— para enfrentarnos a lo incierto?

Mi percepción sobre la inevitabilidad de la muerte se volvió una presencia tangible. No fue una idea

CAPÍTULO VI | ESPEJOS

abstracta: fue una realidad que tocaba la puerta todos los días. El temor a morir que me ha acompañado desde hace mucho, con los años, lo he aprendido a gestionar con más valentía. Pero esa experiencia me dejó claro que aún necesito seguir fortaleciendo mi pilar espiritual, que no es tan sólido como desearía. Quiero nutrirlo, profundizarlo, estar mejor preparado cuando llegue el momento de la verdad, que puede llegar en cualquier momento.

Aún me resulta difícil aceptar y discernir ciertas teorías que surgieron durante la pandemia, pues mi pensamiento lógico no logra digerirlas. Aunque respeto a los amigos y conocidos que sí las creen, no estoy listo para romper este paradigma, a pesar de que quizá muestre nuevos territorios de pensamiento.

Sí tengo cierta certeza en la influencia de los *think tanks*, las prestigiosas universidades y las instituciones y reconocimienwtos de larga tradición, como el Premio Nobel. No pocos reconocimientos son otorgados a personas brillantes en sus campos que han liderado inventos con enormes beneficios para la humanidad. De manera histórica, esas entidades y personas influyentes lideran principios e ideas de convivencia humana. Con suficiente apoyo financiero, utilizan plataformas de medios tradicionales o redes sociales, bien o mal intencionadas, para generar nuevas tendencias.

Sin embargo, no todo fue oscuridad. También fui testigo de respuestas que contradecían el desastre: gestos de ayuda espontánea entre desconocidos, iniciativas vecinales, campañas de apoyo, avances científicos extraordinarios en tiempo récord. A pesar del miedo, la incertidumbre y el aislamiento, muchas personas encontraron maneras de sostenerse de forma mutua. Esa capacidad de improvisar desde el límite, de ofrecer sin garantías, de crear desde el abismo, me conmovió más que cualquier noticia.

Ante el dilema entre una ciencia evolutiva e imperfecta y las teorías de conspiración que a menudo nos desorientan, la brújula más segura es la primera. La ciencia, a pesar de sus imperfecciones y del riesgo de ser manipulada, se basa en la honestidad del método: la validación de la evidencia, la capacidad de autocrítica y la disposición a corregir errores. Las teorías de conspiración, por el contrario, se sostienen en la desconfianza, la manipulación emocional y la negación de los hechos. Por eso, me quedo con la ciencia, incluso con sus riesgos asociados, como el camino más sensato para entender el mundo.

La pandemia puso en evidencia tanto nuestra exposición a lo inesperado como nuestra inventiva ante el derrumbe. Recordó lo mejor y lo peor de aquello que somos. Nos mostró, sin adornos, cuán cerca están el desamparo y la esperanza, la ruptura y la posibilidad de reconstrucción.

Reevaluando prioridades

Durante el encierro, todo se desaceleró. Las reuniones, los viajes, los compromisos sociales desaparecieron del calendario y, con ellos, también la cadencia acelerada a la que muchos nos habíamos acostumbrado. En medio de esa pausa forzada, surgió algo inesperado:

CAPÍTULO VI | ESPEJOS

un espacio que permitió mirar hacia adentro con más honestidad y menos distracciones. Sin ruido externo, se abrió la posibilidad de observar la forma en que veníamos viviendo y de cuestionar lo que habíamos dado por sentado durante tanto tiempo. En mi caso, empecé a saborear con más atención el silencio y la rutina. Redescubrí el placer de una taza de té caliente, no como parte de una agenda apretada, sino como un pequeño acto de presencia. Leí sin prisa, cociné con intención, respiré con más profundidad. No hubo grandes revelaciones, sino una lenta y firme revalorización de lo cotidiano. Lo que antes parecía insignificante comenzó a adquirir otro peso.

Ese período me llevó a recordar lo verdaderamente imprescindible: el cuerpo que nos sostiene, las personas que nos rodean, el refugio del hogar, la importancia de mantener una mente serena en medio del desconcierto. También encontré alivio en prácticas sencillas que durante años había relegado a un segundo plano: una oración genuina en voz baja, una conversación sin pantallas de por medio, la contemplación serena del cielo desde la ventana. Pequeños gestos que, en su aparente modestia, ofrecían una forma de anclaje y consuelo en medio de la incertidumbre.

Comprendí que no se trata de renunciar a todo, sino de discernir mejor. De hacer espacio —no necesariamente físico, sino mental y emocional— para lo que de verdad nutre.

Lo esencial no está escondido, pero a menudo está opacado por la velocidad con la que transitamos nuestros días. Ese fue, para mí, uno de los grandes mensajes del confinamiento: hay mucho valor en lo que no cuesta, en lo que no brilla, en lo que no se presume. La consistencia y cohesión entre cada persona y su "sombra" es un desafío constante, pero cuando se logra, genera una autenticidad y credibilidad inigualables. La verdadera imagen no se fabrica; se construye a través de la vida con coherencia entre nuestra verdad y nuestras acciones sistemáticas. El cerebro asimila en siete segundos no sólo el aspecto de una persona, sino la congruencia, los gestos y la emoción detrás de cada palabra[9]. Aristóteles llamó a esto "Etho": el carácter que respalda las palabras. Una imagen auténtica inspira y genera cambios reales.

En lugar de luchar contra la vejez, mi objetivo es abrazarla como una etapa más de la vida, manteniéndome activo de forma intelectual, cuidando mi salud física y mental y nutriendo mis amistades verdaderas, en lugar de desaprovecharla en una búsqueda de una juventud ficticia.

Los otros

El camino está lleno de espejos, a veces la imagen que reflejan nos halaga; otras, nos confronta con aquello que preferiríamos no ver. Con el paso de los años, he comprendido que los espejos más importantes son las personas que nos rodean, quienes con sus acciones,

---

9   Leboreiro, M. y AMA Global. "Primera Impresión. La Prueba de los 7 Segundos". *El Economista*. 2017.

CAPÍTULO VI | ESPEJOS

palabras y decisiones nos muestran, de manera cruda y honesta, la naturaleza de nuestra esencia.

He tenido el privilegio de trabajar con líderes que, sin saberlo, se convirtieron en mis reflejos. Recuerdo a uno en particular, de una trayectoria impecable y una ética inquebrantable, que mostraba una serenidad asombrosa en los momentos de mayor crisis. Frente a él, me vi en mi versión más reactiva y emocional, reaccionando de manera irracional ante la frustración. Su calma no era un reproche, sino una visión de lo que me faltaba por cultivar. Al observar su templanza, comprendí que la verdadera fuerza de un líder no radica únicamente en su capacidad para dominar, sino también para contenerse.

También mis hijos han sido espejos cruciales en mi vida. En mi esfuerzo por guiarlos, a veces con un control excesivo, me reflejaron mi ambición desmedida, un deseo de alcanzar metas que ni yo había logrado. Al verlos trazar sus caminos, con una seguridad que yo tardé décadas en encontrar, me mostraron el valor de la autonomía y el riesgo de vivir una vida impuesta. Me obligaron a confrontar mi necedad, a soltar el volante y a confiar en su criterio. Ellos, sin saberlo, fueron mis maestros más importantes en la lección de la humildad.

Y, por supuesto, Rocío. Su incondicionalidad ha sido un recordatorio constante de mi falta de paciencia. Su capacidad para perdonar y sanar me ha enseñado que el amor verdadero no es una ecuación perfecta, sino un compromiso diario de entender y aceptar al otro en su totalidad.

Al final del día, los espejos no juzgan, sólo muestran. Nos revelan las heridas que necesitan sanar, las fortalezas que debemos abrazar y los rincones oscuros que necesitan luz. Aprender a mirarlos sin temor, a aceptar lo que reflejan y a usar esa imagen para evolucionar, es quizá una de las habilidades más importantes que he tenido que desarrollar. En este viaje, el verdadero desafío no es evitar las imágenes que nos incomodan, sino tener la valentía de mirar lo que nos muestran para seguir creciendo.

Reflejos del ayer

Solemos pensar en el pasado como una sombra que nos persigue o como un lugar de donde no se regresa. Pero con los años he aprendido a verlo de otro modo: como una ventana que, al mirar a través de ella, no nos muestra lo que fuimos, sino lo que nos hizo ser quienes somos hoy. El pasado no es un álbum de fotos estático; es un espejo que nos revela, en la distancia, las huellas de nuestro viaje.

A veces, la imagen que aparece es dolorosa. La historia de aquel reclamo que le hice a mis padres por no haberme enviado a estudiar al extranjero es un recuerdo que, aún hoy, me confronta. En su momento, fue un estallido de inmadurez. Pero al mirarlo desde el presente, ya no veo sólo el enojo de un adolescente. Veo la sombra de la ingratitud, el reflejo de mi ceguera ante el inmenso sacrificio que mis padres hacían día a día. Ese recuerdo, doloroso y cargado de culpa, es una lección constante de humildad. Es la prueba de que el amor no se mide por lo que se recibe, sino por lo que se da, a menudo en silencio.

El pasado también nos muestra las fortalezas que sembramos sin darnos cuenta. Aquellas lecciones de resiliencia, aprendidas en medio de las crisis financieras familiares, ahora brillan como un faro. Mirando hacia atrás, puedo ver cómo esos momentos de incertidumbre me enseñaron a valorar el trabajo duro, la perseverancia y la importancia de la unidad familiar. Lo que en su momento fue una carga, hoy se revela como el cimiento de mi carácter.

Nuestra memoria no es un simple archivo. Es una herramienta de constante relectura. Con el paso del tiempo, los detalles cambian, las emociones se calman y lo que antes parecía un callejón sin salida, ahora se muestra como un camino que tuvo que ser. El objetivo no es revivir el pasado, sino usarlo para darle sentido al presente. Es entender por qué nos conmueve una canción, por qué nos duele una herida o por qué valoramos una amistad.

Al final, la relación con el pasado es una cuestión de perspectiva. No es un lugar para quedarse, sino una luz que ilumina el camino por delante. Nos enseña que las mayores lecciones no vinieron de los triunfos, sino de los tropiezos. Nos recuerda de dónde venimos para que no olvidemos hacia dónde vamos.

Navegando la incertidumbre

Durante los meses más críticos de la pandemia, el ruido informativo alcanzó niveles inéditos. Escuché y leí un sinfín de teorías: algunas sostenidas por datos y análisis rigurosos, otras alimentadas por el miedo, el enojo o la desinformación. Desde especulaciones sobre el origen del virus hasta narrativas que ponían en duda la legitimidad de los esfuerzos sanitarios globales. En medio de ese torbellino, entendí algo fundamental: en tiempos de ansiedad colectiva, las personas tienden a aferrarse a cualquier versión de los hechos que les proporcione una sensación de control, por mínima que sea. Y si esa versión está alineada con sus creencias previas, se vuelve un amplificador casi sin límites

Me doy cuenta de que, con muchos otros temas, no sabremos la verdad con certeza. Los liderazgos, sobre todo los políticos, no tienen ningún impedimento en construir matrices de opinión para influenciar a sectores que están deseosos de escuchar noticias que confirmen sus percepciones. Y ahora, con la aceleración de la IA, que crea aún más confusión y suplantación de interlocutores, este desafío será mayor. Aprendí, en medio de mi ingenuidad, que en el ajedrez político no hay amigos, sólo peones en un tablero de una partida que no gestionamos.

A pesar de no ser activo en las redes sociales, sí las leo, sobre todo en temas deportivos, que para mí son un gancho. También utilizo con frecuencia aplicaciones de mensajería como WhatsApp. He aprendido a no reenviar, sin una previa validación de la fuente, los mensajes que me llegan y que de alguna manera "sintonizan" con mi forma de pensar. Sin embargo, confieso que aún soy vulnerable en algunos casos y

CAPÍTULO VI | ESPEJOS

envío información sin validar, sólo porque me gusta. Tendré que reforzar mi control interno para reducir al máximo esa tendencia a dispersar información sólo porque me agrada, y no por una validación efectiva de la fuente.

Recuerdo con claridad un momento especialmente difícil. Estaba afeitándome, como cualquier mañana, mientras escuchaba las noticias en la radio. Informaban que no quedaban camas disponibles para pacientes con COVID-19, ni en hospitales públicos ni privados. Esa información me golpeó con una fuerza inesperada. Pensé: *"Hemos trabajado toda la vida para tener una vejez tranquila, sin sobresaltos, en paz y con dignidad... ¿Y si alguien de nuestra familia se enferma ahora? Ni con todos los recursos del mundo habría forma de garantizar atención médica profesional"*. Sentí un nudo en el pecho. Me invadió no sólo la ansiedad, sino también una certeza difícil de digerir: la vulnerabilidad es absoluta y no distingue entre los que tienen y los que no.

La crisis nos puso a todos, ricos y pobres, en el mismo lugar de incertidumbre. La sensación de insignificancia fue abrumadora por la impotencia ante un sistema que, en un momento crítico, no podía proteger a nadie, evidenciando que el acceso a la salud no debería ser un privilegio, sino un derecho fundamental.

Aunque no compartí muchas de las posturas extremas, hice un esfuerzo deliberado por escuchar. En lugar de responder con ironía o superioridad moral, intenté comprender lo que había detrás de ciertos discursos: a veces desconfianza aprendida, otras veces heridas no resueltas, y usualmente un deseo legítimo de proteger lo que cada quien considera valioso. Aprendí a distinguir entre la duda genuina —que impulsa preguntas necesarias— y el cinismo que paraliza o socava.

En lo personal, opté por una postura basada menos en certezas que en convicciones. No creo que todo tenga explicación inmediata ni que exista una sola forma de entender lo que nos ocurre como sociedad. Pero sí estoy convencido de que muchas decisiones —desde usar un cubrebocas hasta vacunarse— pueden ser actos de cuidado, no sólo individual, sino también colectivo.

Y que ejercer el libre albedrío no significa hacer lo que uno quiere sin consecuencias, sino decidir con autonomía y conciencia de impacto.

En medio de tantas preguntas sin respuesta, me aferré a algunos principios sencillos que me sirvieron como brújula: escuchar antes de opinar, informarme antes de reaccionar y considerar el bien común antes de priorizar la conveniencia personal. No logré aplicarlos en todo momento, pero ese fue —y sigue siendo— el intento.

La incertidumbre no se disipa con gritos ni con dogmas. Tampoco se resuelve con arrogancia. Requiere paciencia, disposición a observar sin conclusiones apresuradas y el valor de adaptarse sin perder el rumbo. A veces, caminar en la niebla no significa estar perdido, sino sólo aceptar que la claridad toma tiempo. Y mientras tanto, lo único que podemos hacer es seguir caminando con responsabilidad.

Una revelación para mí ha sido constatar la profunda conexión entre los límites de mi lenguaje y los

CAPÍTULO VI | ESPEJOS

límites de mi mundo. Esto me ha invitado a reflexionar y, si tiene sentido para mi crecimiento, a absorber nuevas tendencias y ajustar mi visión hacia un futuro que nadie conoce con certeza. Con el avance de la tecnología, la realidad virtual será cada vez más real, hasta el punto de arriesgarnos a confundir nuestras percepciones, lo que amplía el riesgo de manipulación. La relación entre poder y conocimiento ha sido históricamente moldeable, como el cerebro en la edad adulta, y ha marcado el ascenso y caída de grandes culturas. Hoy en día, el poder opera a través de discursos e instituciones que normalizan a los individuos para controlarlos. Ante la viralización de ideas, es cada vez más difícil creer en las grandes narrativas y vivimos una fase de incredulidad. La sociedad de consumo y la era de la información impactan nuestras mentes, reflejando un mundo fragmentado con múltiples identidades, verdades tribales y un cambio constante.

Reflexiones sobre el futuro

La historia de la humanidad y mi vida me han enseñado que la evolución no es un sistema estático de ideas. Las corrientes de pensamiento se ajustan de manera constante para que el ser humano entienda el porqué de las cosas, abarcando no sólo el contexto histórico, sino también el cultural. En un mundo tan complejo y cambiante, el pensamiento crítico y la reflexión sobre la convivencia humana serán indispensables no sólo para adaptarnos, sino para intentar mantenernos en la senda del progreso como un todo, en especial en la dimensión humana. Es vital reevaluar con frecuencia dónde estamos ubicados, porque, como decía Sócrates: "Una vida sin examen no merece ser vivida."

Recuerdo un concepto de filosofía que me enseñó un profesor en el quinto año de bachillerato del colegio en Guatemala y que encuentro igualmente vigente 50 años después: *la filosofía es una ciencia, como una rama del saber humano, que se esfuerza por lograr una concepción unificada y consecuente del universo, del alma, de dios y del hombre, e intenta conocer su naturaleza última desde un punto de vista universal y totalitario*. Esta idea sigue resonando, pues cada país, cada gran imperio, cada sociedad, intenta liderar mediante teorías y conceptos innovadores nuevos o adaptados, un marco hacia donde ellos creen que la sociedad debe moverse, lo que muestra el avance de las sociedades. Como bien lo explora Nigel Warburton en *Una pequeña historia de la filosofía*, este esfuerzo por entender nuestra naturaleza y el mundo que nos rodea es una conversación milenaria, un viaje que no termina.

Del mismo modo, los seres humanos evolucionamos a ritmos distintos. Algunos grupos avanzan con rapidez, otros permanecen estables y algunos incluso retroceden. Pero esto es sólo desde nuestra propia perspectiva, que no es la única válida, y por ello toca respetar las demás. De ahí que, cuando retomamos contacto con un amigo o conocido después de muchos años, no siempre nos sintamos cómodos con el encuentro: cada uno ha seguido su propio proceso. El verdadero desafío está en discernir si vale la pena esforzarse por conservar ese vínculo o si, con gratitud,

CAPÍTULO VI | ESPEJOS

es mejor dejarlo ir. En mi caso, lo segundo suele ser más difícil, porque tiendo a asociarlo con una falta de lealtad o de genuino interés de mi parte. Sin embargo, la madurez también consiste en aceptar que cada relación tiene su tiempo, su propósito y su forma de evolucionar.

Con el indetenible avance (hoy tan sobrevenido, pero al mismo tiempo indetenible) de la IA y de la neurociencia, aparecerán inevitablemente desafíos a nuestras creencias, lo que causará incomodidad, si no en la sociedad entera, al menos en partes de ella. Una incomodidad necesaria para continuar el viaje de nuestras vidas.

Será un reto tener la claridad conceptual y la reflexión ética para navegar en esos territorios nuevos que ya están, y van a seguir, apareciendo. Por ejemplo, ¿cómo evitaremos los sesgos de perspectiva en el diseño de algoritmos que perpetúen los males humanos desde el punto de vista occidental?, ¿podremos programar la ética en las futuras máquinas, o como se lleguen a denominar? Vienen cambios inevitables no sólo en los procesos que hacen funcionar la economía, la abogacía, la medicina, las plantas de producción y la educación tal como la entendemos hoy, sino muchos más, demasiados quizá. Habrá que intentar entenderlos para digerirlos y continuar el viaje de nuestra vida.

La Teología de la Liberación, un movimiento sociorreligioso latinoamericano de los años 60, intentó abordar de manera radical la pobreza y la injusticia desde la experiencia de los oprimidos. Este movimiento

195

buscaba la emancipación a través de la erradicación de la pobreza, pero a pesar de su innegable impacto inicial, hoy tiene poca vigencia. Esto me confirma que las nuevas corrientes de pensamiento que buscan eliminar síntomas sociales, al menos desde la perspectiva de la cultura occidental, a menudo se desvanecen. La pobreza y la injusticia son tan antiguas como la humanidad... y pareciera que son dimensiones impregnadas en nuestra genética que no encuentran, al menos en la visión del mundo actual, soluciones prácticas, concretas y libres de violencia.

Cada grupo de interés, por tribal que sea, intentará construir los contextos más poderosos desde su punto de vista, para edificar nuevas ecuaciones de pensamiento que les ayudarán a liderar posiciones de poder en cualquier expresión. La evolución de los grandes filósofos a lo largo de la historia lo sustenta, desde Aristóteles, Hypatia y Platón, transitando con otros grandes pensadores como Spinoza, Marx, Darwin, De Beauvoir, Sartre y muchos más, hasta los más recientes, Turing, Searle, Foot y Singer. Y vendrán nuevos conceptos, sustentados en tecnología, ambiciones de control o poder, y en la creación de tendencias de convivencia social. Es la historia de la humanidad, la incansable capacidad del ser humano para avanzar y adaptarse, como bien dice Harari en *Sapiens: De animales a dioses*.

Toda esta combinación de factores se agrava porque mucha de la gente reflexiva y con la genuina intención de mejorar la vida en sociedad ha adoptado un rol de observadora. Este vacío es, en contraste, llenado por

CAPÍTULO VI | ESPEJOS

líderes y figuras políticas que, sin importar su ideología, y a menudo careciendo de la formación, principios y visión de Estado necesarios, diseñan soluciones con un objetivo primordialmente cortoplacista: beneficiarse a sí mismos y a sus círculos cercanos. Esta visión miope exprime los recursos de la sociedad sin una estrategia que garantice el bienestar a mediano y largo plazo.

Con la diversidad del planeta, la complejidad de matrices de opinión será numerosa y cada uno deberá desafiarse para elegir su camino. No creo que exista un sólo sendero; mi paradigma actual es que este siglo XXI va a implicar los ajustes necesarios en nuestro pensamiento para poder crecer y sentirse bien con uno mismo. A pesar de las teorías de conspiración y la confusión que generan, mi apuesta personal está en otro lugar: en la capacidad del ser humano de repensarse, de reajustar su brújula y de elegir con mayor conciencia.

Durante los meses de encierro por la crisis del COVID-19, fuimos testigos de una creatividad inesperada que brotó en condiciones adversas. Personas que rara vez se habían detenido comenzaron a cuestionar sus rutinas; otras, obligadas a modificar su día a día, encontraron maneras nuevas de convivir, de colaborar y de hacer comunidad. La tecnología, que tantas veces criticamos por aislarnos, se volvió el puente para sostener conversaciones, afectos y decisiones urgentes. Muchas personas y empresas sobrevivieron —incluso prosperaron— gracias a esa transición acelerada. Sin la pandemia, es posible que esos avances hubieran tomado décadas en florecer.

En medio del miedo y la incertidumbre, también emergió una generosidad adormecida, una disposición a cuidar al otro sin cálculo ni recompensa, como reflejo de una empatía más despierta. Sé que los impulsos de ambición, dominio y acumulación siguen ahí. No se desactivan de un día para otro. Pero también creo que algo se movió. Tal vez ahora seamos más conscientes de las consecuencias de nuestro modelo de desarrollo. Tal vez ya no sea tan fácil ignorar el impacto de nuestras elecciones sobre los demás y sobre el planeta. Percibo una sensibilidad nueva —todavía incipiente, pero presente— que apunta a redefinir lo que entendemos por bienestar, éxito o progreso.

Necesitamos que las nuevas generaciones vayan bien porque son el futuro. Tienen una gran responsabilidad y, con certeza, lograrán que la humanidad siga avanzando por el sendero del crecimiento equitativo y sostenible. Sin importar la edad que tengamos, lo más importante es: soñar, creer, caminar y disfrutar. La dimensión del "soñar" es muy relevante, pues el esfuerzo que se dedica a un sueño grande es similar al que se le dedica a uno pequeño, así que es fundamental elegir dónde vamos a colocar nuestro talento y energía, que son finitos. La vida es un misterio impredecible, llena de dudas permanentes, y nos toca aprender a surfear en toda esta evolución.

A mis nietos —si algún día deciden leer estas páginas— quiero decirles que no busquen aquí respuestas definitivas. Este texto no pretende instruir, sino compartir. Quiero que sepan de dónde vienen algunas de

CAPÍTULO VI | ESPEJOS

las ideas que quizá escucharon en casa y que sientan que, aunque los tiempos cambien, hay preguntas que siguen siendo nuestras: ¿cómo vivir con sentido?, ¿cómo acompañar a otros en sus procesos?, ¿cómo sostenerse en la duda sin dejarse paralizar por ella? No sé qué desafíos les tocará enfrentar. El futuro, por definición, escapa a nuestro control. Pero sí deseo que cultiven una calidad particular de presencia: que no teman volver a empezar, que se permitan cuestionar lo heredado, y que cuando llegue el momento de decidir, lo hagan con el oído atento no sólo a la razón, sino también a esa voz más sutil que nace de la intuición y de la coherencia interna.

Que no se cansen de crecer y de reinventarse; de aprender y desaprender en períodos cada vez más cortos, de tener esa capacidad de adaptación a un mundo cada vez más cambiante y demandante, lo que implicará entender los nuevos desafíos y modificarse para seguir avanzando, incluso con dificultad.

Vivimos tiempos complejos y turbulentos, sí, pero también fértiles. Y así como la pandemia fue un gran espejo colectivo, la vida seguirá poniéndonos frente a nuevas situaciones que nos inviten a la introspección.

No se trata de evitar los tropiezos, sino de aprender a continuar después de ellos: con entereza, con ternura y con la convicción y actitud necesaria de que cada paso, por incierto que parezca, puede ser una forma de avanzar hacia una vida más íntegra, más auténtica y alineada con el propósito que cada uno de ustedes defina para estar bien consigo mismo.

Epílogo

UN VIAJE CONTINUO

Al llegar a estas páginas finales, me invade una sensación de gratitud y de asombro. Gratitud por el camino recorrido, por las personas que lo han iluminado y por aquellas que, con sus sombras, me han permitido crecer. Asombro ante la complejidad de la vida, su constante cambio y su capacidad para sorprendernos incluso en los momentos más difíciles. Sólo al atravesar las distintas facetas de la vida (su luz y su sombra, su violencia y su calma, el ascenso y la caída de instituciones que parecían inquebrantables) he podido, quizá, comprenderla un poco mejor.

Este escrito no ha pretendido ser una autobiografía exhaustiva ni un manual de autoayuda. Ha sido, más bien, una conversación íntima, una invitación a compartir reflexiones sobre la vida, el trabajo y el propósito, perspectivas sobre diversos temas, no dogmas.

A lo largo de estas páginas, hemos explorado la importancia de la familia y los orígenes, la búsqueda de un objetivo que nos guíe, el valor de las relaciones y la energía personal, la necesidad de cultivar el bienestar en todas sus dimensiones y los desafíos y aprendizajes del liderazgo. También hemos reflexionado sobre el impacto de la pandemia de COVID-19, un evento que sacudió al mundo y nos obligó a replantear nuestras prioridades. Y aunque el futuro sea incierto, he querido transmitir un mensaje de esperanza y confianza en la capacidad humana para adaptarse, innovar y construir un mundo mejor, como la historia de la humanidad lo constata.

La vida es un viaje continuo, una aventura en evolución permanente. Cada etapa nos presenta nuevos desafíos y oportunidades para aprender, crecer y dejar una huella positiva en el mundo. Mi deseo es que estas reflexiones sirvan como una brújula para aquellos que buscan su camino, recordándoles la importancia de la gratitud, la curiosidad, la resiliencia y la compasión. Porque, como diría mi padre, "la vida no retoña": el tiempo es un recurso finito y cada momento es único e irrepetible.

No hay segundas oportunidades para las decisiones que tomamos o las acciones que dejamos de hacer, por lo que debemos vivir de manera consciente, valorando cada instante y asumiendo la responsabilidad de nuestras vidas con valentía y sabiduría.

EPÍLOGO

Para mis amados nietos, a quienes dediqué unas palabras en el capítulo final, reitero mi deseo de que vivan con pasión, valentía y un sentido de propósito. Que sepan abrazar la incertidumbre, aprender de los errores y no renunciar a la búsqueda de una vida plena y significativa, guiada por la integridad, la lealtad, la vocación de aprender y, sobre todo, por ser seres humanos de bien.

Estoy convencido de que, por más polarizada que esté la humanidad en el contexto actual, tenemos la capacidad de armonizar visiones con las voluntades y liderazgos adecuados y así evitar confrontaciones indeseables.

El viaje continúa... y estoy ansioso por descubrir qué nos depara el futuro.

AGRADECIMIENTOS

Nada de esto sería posible sin el invaluable apoyo y la paciencia de mi familia y amigos.

Agradezco a quienes se tomaron el tiempo de leer mis ideas y compartir sus valiosos comentarios. A Mónica, Diego y Ximena, su visión y perspectiva intergeneracional fueron una brújula indispensable para este escrito. A mis queridos Anaité, Estuardo, Fernando, Flavio, Gilda, Mario, Rudolf y Sergio, su generosidad fue fundamental para ayudarme a reconectar con partes de mi historia que quizá había olvidado.

A Rocío, mi incondicional compañera de vida, por ser mi ancla en las buenas y en las malas.

A Pili, muy especial reconocimiento por su paciencia y dedicación en el proceso de escritura y edición de este texto, un trabajo que no hubiera sido posible sin el apoyo de Alejandro. Su talento no sólo transformó mis ideas en un texto legible y coherente, sino que el proceso mismo se convirtió en un viaje de introspección. El mayor premio, y el más inesperado, fue lograr un nivel de complicidad sin precedente en nuestra relación de padre e hija.

A mi hijo Juan Carlos, a mi nuera Sethaly y a mis nietos, Rafael y Flora: su amor es la principal razón de este escrito. Tengo la esperanza de que, en algunos años, tendrán el tiempo para leerlo y reflexionar. Gracias por invitarme a ser parte de su hermosa familia y por ser mi constante inspiración.

Agradezco la educación que recibí: al colegio de mi infancia, especialmente a mis compañeros de clase, a la escuela militar que me forjó, a la prelatura religiosa a la que pertenecí por casi una década y a las universidades donde consolidé mi profesión. A Guatemala, Panamá, Suiza, Colombia, Venezuela, Ecuador, Argentina, México y Brasil, por habernos dado la oportunidad de vivir, ganarnos la vida y educarnos en la diversidad. Por enseñarnos otras maneras de ver y vivir el mundo.

Un agradecimiento muy especial va para mi foro de amigos venezolanos y colombianos, que me ha acogido por más de 22 años, y a mi foro de amigos guatemaltecos. Ambos me cobijaron durante mi transición profesional. No hay palabras para agradecerles tanto apoyo y crecimiento durante tantos años. A las instituciones que me permiten mantenerme actualizado mediante procesos de mentoría y capital semilla. A las empresas e instituciones en donde sigo aportando y recibiendo, por darme el espacio para contribuir y crecer.

Un reconocimiento va para mis compañeros y amigos de actividades deportivas (fútbol, sóftbol, buceo, bicicleta, golf) y para mis amigos de barrio de la infancia, con quienes compartí momentos memorables. A mis amigos no mencionados, me siento afortunado de haberlos encontrado en mi camino. Mi sentimiento es igualmente intenso para todos aquellos que, por diversas circunstancias, no me aprecian; de todos he obtenido una enseñanza.

Mis agradecimientos se extienden a mis dos ramas ancestrales, aquellos que cimentaron el camino. Con una gratitud especial, recuerdo a mis abuelos paternos, Antonio y María, y a mis abuelos maternos, Pedro y Elena. También honro la memoria de mis tíos y tías, ya todos fallecidos, así como la de mis primos y sus descendientes, con quienes compartí incontables momentos de felicidad. Cada uno de ellos, con sus diversas raíces y trayectorias, ha contribuido a la persona que soy hoy, y por ello les estoy eternamente agradecido.

Made in the USA
Coppell, TX
12 February 2026